我是最快樂空姐

我不是最美空姐，

林佩瑤 著

Pei Yao Lin

讓女生也會喜歡的爽朗美女

認識佩瑤一段時間，不得不說她真的是女生都會真心喜歡、相處的美女！

記得第一次跟她吃飯，一點也不覺得不自在，她是個很周到的女生，會隨時注意朋友有什麼需求，也會幫帶著小孩的我倒水、烤肉，很貼心也很窩心！

每次見到她就感覺好開心，她總是有一種陽光感，可以大聲說話、大笑也不會覺得奇怪，真的是一個充滿正能量的女生！

某個程度來說，我跟佩瑤的人生觀也蠻像的，據說這叫「樂觀傻大妞」性格，哈！想做的事就去做，不會想太多，可以很豁達，也不會有怨言。在感情上也是，勇敢去愛，喜歡簡單直接的感情。能找到一個可以讓我們做自己，能夠發光發熱、充滿正能量的對象好重要！

所以我覺得主廚真是撿到寶，娶到好老婆了！

期待透過這本書，能夠對她更了解，看看她的故事，或許可以讓我們學習她樂觀開朗的精神，和爽朗大笑的態度！

女王

一個得到所有幸福卻完全不讓人嫉妒的女孩

我的女性朋友真的很多,而我這個人交朋友,常用的比較是刪去法,比如說,太任性的、太愛撒嬌的、太不能自己處理事情的、太黏的等等,似乎都無法讓我們繼續成為朋友;只有一個很奇妙的特例——叫作林佩瑤!什麼極端的個性在她身上好像都有,要笑能笑得很大聲,要哭也馬上眼淚止不住,把自己的外在照顧得很好,又不會忘記心裡那些最重要的人。

更何況,她還有一個義氣干雲的個性,多迷人!

我們真的是小時候認識的,那時我們都還在唸書,參加了一個好樂迪舉辦的歌唱大賽,我們都進了決賽,也都沒得冠軍,但卻在那個場合上跟她幾個台中一起上來的朋友開始玩在一起。那時我心想:這女孩也太不修邊幅了,但是極好相處,感覺認識一次就可以一直當朋友下去。

後來她去參加超級星光大道之後,我覺得有趣的是,她最後沒有選擇去唱歌這個決定,我真的到這個時候才發現她的聰明,而且從那之後,我大概每次見到她,都會講一樣的事情。有些事連求神問卜擲筊丟銅板都不見得有正確答案的,她走到現在,又舒適又開朗,而且又紅,紅到比我還先出書。

感情大概是我們最常聊天的話題了,坦白說,在星光之後,我們

兩個人的交友圈確實都有點挪移，大概是到她要結婚吧，我才認真因為一次幫週刊採訪她做人物專訪的過程裡，重新複習了一遍，那已經是我們認識將近二十年後的事情了。

在那之前，我一直以為這個世界上，不可能有人看似得到了世界上所有的幸福，卻完全不讓人嫉妒，甚至會因為那個人快樂，而自己也感到快樂。

原來那個人就是林佩瑤。

左光平

勇氣多一點，快樂很簡單

今天來點阿瑤的台式熱炒，用爽朗大笑作開胃，配上善解人意的暖心，只要有她在的局，總能帶給別人歡樂的氣氛，絕無冷場！

佩瑤最招人喜歡的是，她的笑容裡有著天生的樂觀，她的個性明亮又真誠，渾身散發出滿滿的活力、笑容、正能量，很有擄獲人心的感染力。

不論是平凡生活或是朋友、家人一起度過的時光，每個靠近她的人，都能感受自在舒服的相處氛圍，這樣的快樂女孩怎能不討人疼愛呢？

從空姐到星光大道，再來是出書，她鼓足勇氣邁開腳步，鼓勵自己高飛尋夢，往世界去探索，接觸不同的人事物，追求自己渴望的人生。

這一路精采意外的人生轉折，都是生命堆疊的美好呈現，人生就像一場大冒險，那些心中閃閃發亮的夢想，從中支撐著明天也能繼續努力活下去的力量。

日子一天天被時間推著往前走，她用盡力氣去感受生命每一刻，曾經在低落中痛過、在挫折裡哭過，但她從不強求失去的，也不曾在心底留下任何遺憾。

人活到最後，是對自己的人生更清楚，知道自己的快樂才是最重要的。

在這本書裡，你們會看見佩瑤瀟灑自在的人生態度，她認真用心付出過愛，她對自己擁有的一切感到幸福滿足。

從她的身上也教會我一個道理，每個人都有擅長與不擅長的，我們能做的就是勇氣多一點，努力多一點，讓快樂變得很簡單！

她希望能透過這本書帶給每一個人不同的啟發與正能量，活得漂亮坦然，為自己做一些喜歡的事，勇敢去追逐自己的夢想，在匆匆流逝的歲月中，找尋無限可能的未來！

人生的快樂就在於此。願我們都活成自己喜歡的樣子。

任月琴

其實抹佩瑤是我的 role model

其中一種啦哈哈哈！

你知道嗎？人生不同時期都會有不同羨慕、想成為的樣子，林佩瑤就是我的其一。

她真的是個大笑姑婆，哈哈哈！但你以為大笑姑婆沒有心酸、不會難過、天生懂吃苦吃虧嗎？

No ！真的是 No !!!

我覺得是她很明白對她來說人生最重要的事情是什麼，並且會持守，而且她很知足；所以跟她交朋友很放心又快樂，因為她海派大方、開朗好笑，直率豪爽卻又會照顧人（對！她真的就這麼誇張，相信我～）。

還有一點是我觀察多年的心得：她不太抱怨。

這是我很佩服也很喜歡她的點。

這世上處事圓融、閱歷豐富的人很多，但很少抱怨的人……實在不多。

我很少聽到佩瑤在抱怨什麼；這要願意多不計較、多豁達、多和諧、多把眼光放遠、心胸寬大才能達到？

我真心覺得，不抱怨實在是一件很成熟很值得學習的事。

如果你不知道怎麼將人生化繁為簡——

可以看她的書。

你想要學習開懷大笑的能力──
可以看她的書。
你覺得她外貌身材優秀，無憂無慮就過著人人稱羨的生活？
給我看她的書！！！

你以為有這麼好康的喔？
她付出多少努力也要給她看到一下好嗎～～～
所以這本書是連我這個已經是朋友的人都會想看的。因為她真的是
我看過，最能把自己的人生，打理得最貼近自己價值觀的人之一。

我一直相信，越成熟開朗的人內心越是強大。
看著現在的她，我衷心喜歡也覺得她還是當年認識的她，卻更懂
愛自己和被愛。

林佩瑤我愛妳！
謝謝我們一起笑一起哭的那些日子：）
謝謝有妳♥
（出書是對的！！！妳超猛超好笑的金句語錄就該被收錄起來啊
哈哈哈！）
#by 應該會變成這本書粉絲的女人

曾沛慈

女人之最

雖然跟佩瑤在同一個航空公司，但是我們從未一起飛行過，我想這就是緣分吧！在我離開航空業時與佩瑤變成了朋友，我們常常深夜聊天、互吐心事、互相陪伴。

在佩瑤身上我看到了三個「女人之最」，趁她邀請我寫推薦時來與大家分享：

第一是「最愛漂亮」：
佩瑤真的是我認識的朋友中花最多時間保養、最認真化妝的女孩了，我想也是敬業的態度吧！以前在公司看到她總是用最完整的妝容及最親切的態度服務客人，做什麼像什麼就是她的個性，如果沒有辦法做到，她寧願不做！雖說天秤座最猶疑不定，但這樣猶豫不決的個性我在她身上從沒看過。

第二個是「最講不聽」：
佩瑤真的是一個我看過對愛情最執著的傻女孩，一愛就是好幾年不說，就算遇到不適合的人仍然毫無保留付出、執迷不悟地愛下去。可愛的是，她也知道自己在受傷，但她是一個願意承擔自己選擇的勇敢女人！所以我們朋友在旁邊急跳腳也沒有用，只能很心疼地陪伴她哭泣、聽著她無奈，但也因為這樣，她更懂得珍惜愛，這也是她現在擁有美好婚姻的原因吧！也因為她真誠直爽傻大姐的個性，讓身邊的朋友都甘願為她兩肋插刀，好人緣讓她永

遠不孤單。

第三就是「最愛老公」：
其實佩瑤的愛老公方式跟一般女人的方式不太一樣，很多人愛老公是情感上的愛慕或崇拜，但佩瑤是用實際的方式去幫助老公的事業，她很清楚明白「老公好，自己就好」的道理，所以佩瑤在結婚之後很認真的參與老公的工作、生活和家庭，只能說娶到這樣漂亮又幫夫的女人實在是太幸運了！我想她老公上輩子應該拯救地球了吧！

這「三最」只是蜻蜓點水，還沒看這本書的你或許能知悉佩瑤可愛直爽的個性，但她的內心世界與生命故事請慢慢翻閱、細細品嚐。

Ivy Chao

作者序

其實我會出書純屬意外，完全是被經紀人逼的哈哈哈哈哈哈哈！

這輩子從來沒想過自己會出書，因為一直覺得寫作不是自己的強項，畢竟我主要的專長應該還是唱歌吧？（跟喝酒 XDD）而且⋯⋯到底誰會想知道我的人生啦？！

結果還真的有，公布即將出書的消息時，家人朋友跟粉絲都一致表示支持，原來大家都對我這一路走來感到很好奇：覺得為什麼我有辦法當空服員十三年？進入星光大道前十強後為什麼不去當明星反而毅然決然就這樣回去飛了？談了幾段轟轟烈烈的戀愛，是遇上什麼樣的人讓我願意走入婚姻？

認識我的人都知道，我就是一個很懶得把事情想得太複雜的人，不是說我頭腦簡單喔，純粹就是希望所有事情、所有決定、所有關係都是越簡單、越單純越好，所以我人生沒什麼過不去的坎，面對它、解決它、接受它就對了，真的沒那麼難啦！

這本書的描述都很直白，很林佩瑤 style，朋友常說我是知足常樂的智慧代表，我倒覺得其實我也真的很認真在爭取自己想要的人生，所以我沒有遺憾呀！

我想當空服員就去考，我想唱歌就去報名比賽，我想交的朋友我

主動認識，我想幸福安穩過一生就找一個好老公嫁了（喂～～～
XDD）總之我的人生就是一個橫衝直撞、直接正面對決，想做的
事就直接來，失敗也無所謂至少我試了！

希望你們可以從我的文字，感受到滿滿的正能量；也希望你們可
以從我的故事裡，摸索到更多讓自己人生更簡單更坦然的幸福哲
學，幸福其實沒有這麼難：）

Contents

Chapter1
飛過的那些哩程

我不是最美空姐，我是最快樂空姐　026
阿瑤的快樂工作心法
之1___ 我很懶，但是為了漂亮，我可以很勤勞　033
之2___ 被電有什麼大不了，你就假裝忘記啊！　040
之3___ 只要漂亮就得人疼，如果還很聰明的話就更好了　046
之4___ 做錯事不要有藉口，一直道歉就對了！　050
之5___ 再怎麼難纏的客人都會下飛機，有什麼好糾結的？　054
之6___ 及時行樂，有好玩好吃的絕不錯過！　058
之7___ 我喜歡享樂，但我不拜金　066

Chapter2
看過的那些風景

星光大道，幸好我衝了！　078
我心臟很強，你們攻擊不了我的啦！　082
林佩瑤妳是不是有大頭症啊？　086
冷靜一點，沒有人針對你啦！　088
我沒有想贏，但我也沒那麼容易放棄　094
愛唱歌不一定要當歌手　097
那些年一起看鬼片的星光戰友　102

Chapter3
愛過的那些青春

有一種戀情，是靠遠距離維繫　　112
愛情中邪事件　　120
戀愛中不可輕觸的手機聖地　　128
發現被背叛，妳會原諒嗎？　　133
到底要不要做自己？　　138

Chapter4
被愛的那些自由

第一次約我就送戒指，你有事嗎？　　148
一盧再盧也能盧到真愛　　158
莫名其妙我就閃婚了　　164
我很廢，但我也很認真經營喜歡的事　　170
我們是同一國的　　176
我的婆媳之道，就是傻白甜　　182
嫁給主廚，夢幻的部分在於……　　186
結婚就像拿到巧克力出奇蛋，
　　　　愛情、友情、親情一次擁有……　　192

Chapter1
飛過的那些哩程

我不是最美空姐，我是最快樂空姐

媒體封我是「華航最美空姐」，但我覺得比我漂亮的空服員大有人在，要我說的話，我不一定是最美空姐，但一定是「最快樂空姐」！

當了十三年空服員，我人生的黃金年輕時期都在空中度過，我喜歡這個工作的大部分內容：可以打扮地美美的，飛到不同地方，不用呆呆坐在辦公室，甚至連大家很討厭的飛機餐其實我都滿喜歡的！做著一個自己喜歡的工作，我超快樂！

至於我是怎麼開始當空服員的？以下用幾題簡單的問答，來分享我的心路歷程。

阿瑤自問自答時間

Q：什麼時候開始當空服員？

大學快畢業的時候，大家都在做職涯規劃，我那時整個還很茫茫渺渺，也不知道要做什麼，發現同學去考空服員，就想說，我從

小就愛漂亮、愛跟家人朋友到處旅行，如果能做一個每天打扮得漂漂亮亮、又可以到世界各地旅行的工作，那有多好！空服員就是一個這麼令人嚮往的工作，於是就當了跟屁蟲，跟著同學一起去考試。

考試的時候規定妝容要整潔，頭髮要綁包頭，要穿正式服裝，我臨時抱佛腳，白襯衫、黑裙子、黑高跟鞋，全部都跟我媽借的……奇怪耶我媽又不是上班族，怎麼會有那些東西？總之這到現在都還是謎。我全副武裝，天不怕地不怕地就去考了。我爸媽知道後，還說風涼話：「哎呀，妳應該考不上吧，長得這麼矮！」我弟也接話：「嘿啊，哪有可能！」

沒錯，家中都覺得以我這身高肯定考不上的，結果我就考上了！所以二十二歲大學畢業，我就飛上天去當空服員了。

說到身高，沒看過我本人的都以為我是高個兒，想像我 168 之類的，結果看到本人的都會驚叫：「蛤，怎麼那麼小一隻？！」

話說回來，我那年代是現場量身高，只要超過 160 就可以考，但

現在不用量了,只要妳能摸到飛機座位上面那個大概 200 公分高的櫃子就可以過關!

Q:工作裡最喜歡的部分是什麼?

絕對是吃。飛來飛去到處吃,哈哈哈!

離職以後我最想念的就是國外的美食,以前有些同事會特別不喜歡飛到物價比較高的地方,像夏威夷,食物都不便宜,吃一餐可能至少要花個二、三十塊美金,但我卻很喜歡,也很捨得花錢去吃貴一點的牛排,而且每次飛去都要吃,我的薪水幾乎都是花在吃的上面啊!

連飛機餐也覺得很好吃,特別是日本線,比其他航線美味好～～～多啊!空服員們常常一起許願,希望客人不要吃,我們就可以多吃一點了!哈哈!

他們做的餐點真的好厲害,我們的餐通常熱一熱之後就不可能像原本那樣,尤其荷包蛋,熱完都硬掉了,但日本的餐居然戳下去還會有蛋黃流出來,是不是很 amazing!

Q：飛機上會有美麗的邂逅嗎？

一句話，不會。

有一次飛洛杉磯，一個美越混血的男乘客遞給我一張紙條，上面寫著手機號碼，說到了洛杉磯可以帶我出去玩。結果同事一眼就瞄到他有戴婚戒，紛紛來打警語。

其實我們的工作不像大家想的，一天到晚在飛機上被搭訕，就算真的遇到了，也不令人期待，因為……正常人根本不會在飛機上搭訕別人啊！我就沒有任何一任男友是在飛機上認識的。

其實不要說搭訕了，連遇到養眼的都很難！難得有一次，從舊金山飛回來，聽到同事都在傳某區有位男士滿帥的，結果我跟風飄過去一看——不好意思，剛好是我朋友嘿，切～

Q：空服員怎麼調時差？

很多人調時差的方式是去到哪裡都照著台灣的時間睡，這樣子回

台灣就不會有時差。但是我不喜歡硬撐，如果現在就很想睡了，卻要硬撐到台灣晚上時間才能睡，也太苦了吧！一直在調時差就飽了，那就沒有 enjoy 到這個工作啊！

所以我其實是沒有在調時差的，想睡就睡。當然有時也是會造成遺憾，例如一不小心睡到半夜起來，發現什麼都沒有！有一次飛夏威夷，那時還要從東京轉機，所以算是很累的班，早上到夏威夷之後，我回飯店卸妝、洗澡、吹頭髮，躺下睡覺時已經過中午了，我設好鬧鐘，準備下午四點起床，這樣還有時間去吃吃喝喝，結果一睡睡到晚上九點，mall 都關了，只好在飯店附近的 24 小時早餐店填飽肚子，吃完半夜睡不著，隔天一大早就要 check out，導致我才上機就累斃了，那一趟我真的超級無敵爆炸後悔的，什麼都沒吃到，什麼也沒買到！

幾年前很流行應徵「世界最爽的工作」，當島主什麼的，**其實我覺得不管做什麼工作，只要你願意，都可以把它做得爽呼呼的**，像我當空服員，被客人飆罵、被無厘頭客訴、被主管約談、被行李砸到、睡覺睡不飽……難道就不爽了嗎？不會啊，我還是會覺得它對我來說是份舒適爽缺！

遇見不一樣的人，到不一樣的地方，經歷不同的事，這些年來的空服員歷練，全都成為我的養分，不但讓我的人生非常精采，也讓我在處境很困難的時候，還可以冷靜思考、笑笑面對。

世界那麼大，總能找到一個晴空萬里的地方！

阿�的快樂工作心法

之 1 ____ 我很懶，但是為了漂亮，我可以很勤勞

我人生裡很少追求什麼，只有一件事，我滿努力在堅持的，那就是一定要漂亮！

說到這個，有件事很值得炫耀一下：還在飛的時候，每一趟座艙長都會在空服員裡選一個最佳服裝儀容，有一年，我整年下來拿了一百多個最佳服儀，也就是說，座艙長幾乎每一趟都頒給我（得意），對我來說，「把自己弄得漂漂亮亮」就是最基本的工作態度。

不管幾點報到 我都要完整的妝

工作的時候，我妝髮真的超級整齊的，包頭會梳到不讓一根頭髮掉下來，狂噴超多膠，連工作中間躺下來休息再起來都不會亂掉的那種堅固。常聽到有女生說化妝只要 15 分鐘，我都覺得好驚奇，蛤？怎麼辦到的？！我化妝加上綁頭髮通常要兩個小時，也就是說，如果是凌晨五點報到的班，我通常都三點前就要起床開始準備；但我偏偏不是早睡類型的人，有時一點多才躺下，三點就要起床化妝，你可能會覺得，幹嘛要把自己逼那麼緊？但因為我自己很享受妝髮的過程，所以心甘情願少睡一點。

有些同事為了不用梳包頭，就剪短髮；為了省掉化眉毛的時間，就留瀏海蓋住；總之能多簡便就多簡便，只要畫兩片眼影、塗個很紅的口紅就來上班了！看到我頂著完妝，她們常常很驚訝：「天啊！妳妝也太完整了吧？今天早上五點就報到耶！」不好意思噢！我不管幾點報到都一樣。

每個人對自己的要求不一樣，有的人寧願把時間拿去睡覺，也不想早點起來化全妝；但我就是想要妝髮整齊，每天美美的上班！

話說回來，雖然我很愛美，但飛機上並不是一個讓人美得起來的地方，因為機艙裡頭實在太乾了！除了平時認真保養之外，最好養成在飛機上戴口罩睡覺的習慣。

空服員在飛機上通常都有輪休的時間，最多的可以長達三個半小時，這段時間如果要休息，我一定會戴著口罩，一方面可以保護呼吸道，不讓冷氣灌到喉嚨，另一方面臉上的水分也不會蒸發，變成「乾妹妹」。以前我曾經天真地以為臉太乾就噴保濕噴霧，後來才發現萬萬不可，因為噴了反而水分蒸發得更快，越噴越乾。

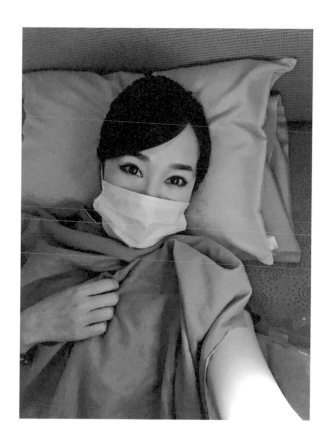

另一個保養習慣是更基本的，就是只要一落地，到飯店我一定馬上卸妝、敷臉、洗頭，刻不容緩！身邊也有那種不管怎麼樣，累了就先倒頭就睡，睡飽了以後再起來卸妝洗臉的同事，但是我辦不到，頂著全妝工作完，不立刻卸妝還自己一個舒爽，我受不了！

學姐們間有一個流傳，上下飛機的前七後八（前七個小時和後八小時內）不能洗頭，因為艙壓的關係，毛囊在高空的環境會張得比較大，這時洗頭非常容易掉頭髮！我真的有發現，每次只要一下飛機就洗頭的話，直接都可以抓下來一大把頭髮，超可怕的！但我那一絲不苟的包頭用那麼多髮膠固定，不可能不馬上洗，於是只能把掉頭髮當作職業傷害了。

對，我們的工作在美美的背後其實有很多「眉角」，但我還是熱愛我的工作，樂此不疲地當著最快樂的空姐！

阿瑤的快樂工作心法

之2 ____ 被電有什麼大不了，你就假裝忘記啊！

任何工作，只要做久了就會得心應手，但還是菜鳥的時候肯定是很生疏，常常犯錯，空服員當然也是。想當初我還「菜比八」的時候，被學姐電根本是家常便飯，幸好我不是個很容易慌張的人，給人感覺很穩，嘴巴又甜，常常這樣就化險為夷了！

我有個同梯閨蜜A，個性跟我簡直是超級反差，她比較容易緊張，常常一被罵或遇到什麼狀況就瞪著大眼睛傻住，被唸一下就快哭了，所以老是像隻受傷的小白兔哭訴：「我今天遇到一個姐姐，好恐怖⋯⋯」；同樣的情況，受到學姐、客艙經理教悔，我永遠都大剌剌又高八度的賣乖：「謝謝姐、謝謝經理！」前輩們看我那麼受教，也就比較不會刁難我。

有一次我們兩個一起被學姐電，因為新人真的就是忘東忘西，動作做不確實，比如鎖推車的車擋我忘了放下來，被學姐發現了！

「佩瑤，妳怎麼沒有把車擋放下來？」
「喔！好！姐，我放下來！」迅速就把它放好。
沒多久，同一趟飛機上，我又忘了，又被姐發現：「妳看妳！又沒放下來了！」

「喔！好！姐，對不起！」馬上大動作趕快把它放下來。

接著她又發現我少做一件事：「妳看！地上那個鎖，妳也沒踩！」

「好的，姐！」我的腳馬上迅速踩下那個鎖。

學姐就開始訓了：「怎麼一直教也教不會……（以下省略300字）」

被唸完一頓，我依然有禮貌：「姐，謝謝妳教我，不然我都不知道耶！」立刻露出此生最甜美的笑容。

學姐本來很兇，看我這麼乖，表情也變得柔和：「好啦！知道就好。」

那一趟我和A差不多就這邏輯一直在被學姐電，最後還很誇張地找來更資深的學姐，一搭一唱電我們。學姐訓完，更資深的那位學姐就語帶尖酸：「怎麼都教不會呢？飛幾趟了？都還不會！」

講完還對原本在電我們的學姐說：「怎麼樣，我講得對嗎？」

學姐立刻附和：「姐，教得真好！」（還鼓掌喔）

其實新人被電真的很正常，誰教我們真的是狀況百出，我心中反而很感謝有學姐在旁邊盯著，如果有一天我們真的做到一百分就

不會被訓了嘛！此時 A 在旁邊已經緊張到快哭了，她的玻璃心徹底碎了，後來只要看到班表要跟上次電我們的學姐一起飛，她就慌了：「怎麼辦？怎麼辦？我又要跟那個很電的姐飛了！」連哭腔都來了！

怎麼辦？妳就假裝忘記啊！不管有什麼事，只要裝作沒這件事，就會沒事！

於是我就真的裝沒事，第一次被那位學姐電的時候我還沒參加星光大道，一直到過了差不多一年，我已經比完星光大道了，才再度跟她一起飛。

飛機上，她主動過來：「欸！佩瑤，我以前應該沒有跟妳一起飛過吧？我只有在電視上看過妳。」
我微笑：「姐，我們有一起飛過喔！」
學姐：「咦，我有做過什麼特別的事嗎？妳怎麼記得？」
拜託，那個電人真的太誇張了，我記性再差也忘不掉！
我依然甜美：「沒有啊！我們那一趟很好啊，沒事。」
學姐：「噢，那就好。」

就這樣，大家一起假裝忘記，維持甜美與和平，這樣不是很好嗎？

這就是小菜島在飛機上的生存之道。

阿緹的快樂工作心法

之 3 ____ 只要漂亮就得人疼，如果還很聰明的話就更好了

身為一個年度拿過最多最佳服裝儀容的空服員（翹屁股），我喜歡和我一樣愛漂亮的女生，如果還很聰明靈巧的話，我會覺得跟她做朋友很榮幸。有的人明明已經不漂亮，還對自己的外型毫無要求，頭髮亂綁，隨便畫兩片亂七八糟的眼影就來上班……這樣怎麼可以！

不覺得把自己弄得漂漂亮亮的很無往不利嗎？就算犯個小錯也會因為妳很賞心悅目就比較容易得到原諒，至少我是這樣對人啦，長得漂亮的女生如果做錯事，我就會覺得「好吧，原諒妳」，這天經地義啊！

有一個月，我不知道中什麼邪，一直跟一個越南妹妹飛到，又笨，又不修邊幅，頭髮超亂，雜毛整個「唱廠」，看了就很受不了，每次看到她都在那邊耍笨。我不是那種嚴厲的學姐，不會直接電學妹，通常就默默等她們自己成長，但那個月，我跟她飛了三、四次，結果一點長進都沒有，從第一次到第四次都慌慌張張，令人超無言。

有次我在賣免稅品，正在跟客人講話中，她也不看看我是不是在

忙，突然就冒冒失失衝過來，塞了一張紙條在我手裡。

我：「這什麼？」

她：「lash lash, eyelash ！」還大動作地指她的睫毛，猛眨眼。

什麼啦，我跟客人講話講到一半，eyelash 什麼鬼！我打開紙條，上面寫了一個免稅品的商品貨號，那是一組睫毛膏。

然後呢？

沒有然後，她就慌慌張張跑走了……

那是我難得一次教導學妹，回到廚房，我跟她說，下次記得不要這樣打斷我和客人的談話，可以等一下，等我處理完客人再找我，而且也別這樣慌慌張張。

那一趟是飛某個東南亞國家來回，中間地停時間，一個學姐終於看不下去她那超級「唰」的頭髮，叫她不要亂綁，還親自幫她綁頭髮。結果一打開她的髮網，才發現中間破了一個大洞，根本包不住頭髮，難怪她的頭髮從前面「唰」到後面，又從旁邊「唰」到整顆頭！學姐不敢相信地大叫：「所以妳頭髮才這麼亂啊！」

身為一個空服員，穿著漂漂亮亮的制服，居然容許自己搞成這

樣，妳也幫幫忙！很多座艙長都會要求服裝儀容，我想可能因為
她是外籍組員，溝通上有時也不是那麼容易，所以大家就算了。
但，就算沒有人要求，這也是自己要打理好的事啊！

這位笨妹，經過學姐幫她綁好頭髮之後，從此頭髮就整齊了嗎？
沒有！後來我再跟她一起飛，她的頭髮還是一樣亂，行事一樣莽
撞，那欸阿捏？

我一開始上線，一定也是超笨的，但是經過一次一次學習，每一
趟飛行都有點收穫，有時是有人點妳，有時是自己發現，總之只
要謹記於心，就會知道下一次怎麼樣可以做得更好，把工作 run
得更順暢；如果進步沒那麼快，至少，先學著把自己妝扮得漂亮
得體一點。

阿強的快樂工作心法

之 4 ____ 做錯事不要有藉口，一直道歉就對了！

旅客用完餐點，我們推車去回收餐盒的時候，在車上會放一壺水，如果有客人要加水的話隨時可以服務。有一次我在收餐的時候，一個不小心揮到那壺水，挫賽！我眼睜睜地看著那壺水全部潑在一位客人的褲子上……完蛋了！

那過程我印象太深刻了，客人坐在位子上，腳一打開，潑在他腿上的水（那程度應該算是整壺用倒的了）整個「啪叉」地落到地上，好壯烈！然後，客人臉色都變了！

我那時候還很菜，嚇死了，一直說「對不起」，大概對不起了一萬次，趕忙抓著紙巾幫他擦，擦了幾下，他也沒耐心了：「算了！算了！我去廁所擦好了！」

結果那客人起身走去廁所的畫面實在太慘了，我都不忍心看，因為他剛好穿卡其色的褲子，一站起來，旁邊是淺卡其色，但一整個屁股濕到變深咖啡色，那畫面說有多好笑就有多好笑（但我當然不敢笑），天啊，我超對不起他！

最慘的是這位客人一下飛機就要馬上去參加一個很重要的國際會

議，竟然被我搞成這樣！好險他的隨身行李裡有褲子，可以馬上替換，也幸好那段航線不算短，有五個小時，飛機上空氣很乾燥，濕掉的褲子很快就晾乾了。

過程中我不斷不斷跟他道歉，連座艙長也來跟著道歉，從機艙裡一直道歉到下飛機，他也從非常不爽中漸漸平息了怒氣，接受我們的道歉，最後他竟然告訴座艙長：「沒事！我覺得我跟佩瑤小姐特別有緣分。」哈哈哈，也是啦，真的要「很有緣」才會潑到他！

後來地勤也很幫忙地直接幫他付計程車錢，完美處理了這件事。

經過這件事，我想告訴大家，做錯事的時候不要有藉口，一直道歉就對了！有些人習慣性會找理由，比方上班遲到，就推說家人生病、計程車難招、路上塞車、車子拋錨……blah blah，都你的毛！其實別人根本不想知道你剛剛到底怎麼了，你只需要說「我錯了，我不該遲到」，你的錯誤就結束了。

嘿！那你也要給我當面解釋或道歉的機會啊

飛機上如果有什麼讓客人不滿的地方，只要當下馬上處理，讓客人心情愉快地下飛機，就算功德圓滿，我最怕的是那種當場不講，下機之後才寫信客訴的人，就算不滿意我的服務，也要讓我有機會當面道歉或解釋清楚吧！

有次我就是這樣被客訴：那趟有位外國客人要購買免稅品，說要送家人香水，問我哪一款好，這款怎麼樣？那款又怎麼樣？我只好一直跟他解釋，結果客訴我的不是這位外國客人，是遠在另一邊的一位女旅客，她竟然客訴我對外國人比較好！（蛤）

公司打電話給我，說我有客訴信，要我說明一下，我真的覺得莫名其妙，客人問我要買什麼香水，我回答他是工作份內應該要做的，而且，客訴的人坐的位置不是我的管區，我不可能服務到她，但如果她真的要買免稅品，我當然也會服務她啊！

常常遇到亞洲客人會先入為主地覺得我們對外國客人比較好，這真的都是他們自己的幻想，快點在腦中打破這個不符事實的泡泡！對空服員來說，只要是客人，我們都是一視同仁。

重點是，如果有不爽，要馬上反應，這一點，不只在飛機上，即
使對你的朋友、家人也是一樣，如果當場不說，才來回馬槍抱怨，
就是不給別人任何彌補的機會啊！當下把事情弄清楚，如果別人
欠你道歉或解釋，也可以馬上解決啊！

阿�的快樂工作心法

之 5 ____ 再怎麼難纏的客人都會下飛機，
　　　　有什麼好糾結的？

我是一個很愛吃的人，完全可以理解吃不到想吃的東西的那種煩躁、失望、惆悵、怨天尤人，但是因為吃不到就發瘋吵鬧就誇張了，我完全不懂！

有一次在飛上海的商務艙上，出現一個小危機：通常商務艙的餐點會有三種選項，飛中國的航班，其中一款會是湯麵。那天供應的是鴨肉冬粉，但商務艙 30 幾份餐點中只有 10 份，座艙長規定我們先從 VIP 卡客裡面等級比較高的卡別開始點餐，所以點到一般客人的時候，如果 10 份鴨肉冬粉都被點光了，就只能選另外兩種。

偏偏那班上海班機客滿，10 份很快就被點光了，結果點到其中一位客人，堅持一定要吃鴨肉冬粉，我一直道歉：「不好意思，真的沒有了。」好說歹說，但他完全不接受：「怎麼可能沒有！妳生給我啊！」蛤？！這我生不出來啦！
結果客人超生氣，而且是起肖的那種，不斷咆哮飆罵我。
我還是只能重複道歉：「真的很抱歉，先生，您要不要再看看其他兩種餐點，這兩種也很好吃喔！」
他很兇地拒絕：「不要！我不要吃了！」

我不得不跟座艙長報告這件事,讓座艙長去安撫他。

座艙長跟他溝通以後,回來告訴我們,他說沒有鴨肉冬粉也沒有關係。我還想說怎麼可能瞬間態度轉變,原來是座艙長溝通錯誤,結果送上不是鴨肉冬粉的餐點,他整個比炸彈還爆炸,在商務艙大吼大叫。

為了一碗鴨肉冬粉,可以不在乎任何人的眼光,我也是大開眼界。拜託不要再罵了,如果我有的話,難道會不給嗎?但就真的沒有鴨肉冬粉了啊!

最後座艙長走險招,把另一位 VIP 客人的鴨肉冬粉送去給他,才平息了他的怒火。

說來也是驚險萬分,因為那位 VIP 客人在睡覺,所以鴨肉冬粉還沒送出去,座艙長就賭他不會醒來吃,賭超大的!好險那個航程只有一個半小時,客人到快降落才醒來,當時已經不能供餐了,我過去假裝問這位 VIP 客人:「先生,剛剛您在睡覺所以不忍心吵醒您用餐,現在已經準備下降無法供餐了,您肚子餓不餓?我幫您準備了一些花生米,需不需要喝杯咖啡或茶?」結果他很客

氣地說都不用沒關係。呼～好險他沒有中途醒
來，不然他的鴨肉冬粉已經給別人了，我還真
的不知道該怎麼辦呢！

每一次上班總是在這種小插曲中安全下莊，有
的時候又驚又險，被罵得也很無厘頭，比這更
誇張的也都有，但我大部分都忘了，因為那都
只是那個當下發生的事，在下飛機前好好面
對、處理完就好，畢竟，再怎麼難纏的客人都
會下飛機，根本沒什麼好糾結的啊！

阿緯的快樂工作心法

之 6 ____ 及時行樂，有好玩好吃的絕不錯過！

工作讓我有機會旅行到世界各處，那我也要盡情揮灑，才不算辜負這份工作，我的享樂基本選項就是美食，不管飛到什麼地方，我一定要吃到好吃的東西！

通常是出發前我就會開始部署美食的部分了，比如去洛杉磯要去吃龍蝦義大利麵；飛舊金山我一定要光顧某家川菜館，有時候太累或沒辦法出門就會叫外送到飯店，那個水煮魚辣到不行，好吃到爆炸，光現在想到就流口水了；然後去夏威夷一定要吃 Loco Moco 和 Acai Bowl。

如果問我最喜歡的地方，那就是夏威夷，就算我沒有排到班（夏威夷的班超難排到），我也會開票，一年去個 1、2 次。那裡我大概半年就想去一次，就很鬆啊，讓人超舒服的一個地方！食物好吃，逛街也好逛，又有自然景觀，要山有山，要海有海，卻也商業化，非常便利，完全結合所有的好處。

我就很懶，如果你要我去一個沒去過的地方，瑞士、法國那種，我會覺得「蛤！那要做功課耶，好麻煩噢！」，我喜歡熟悉、簡單，不用動腦的，夏威夷就是這樣一個地方，我閉著眼睛都會走，

不怕迷路，飯店到大街路線很單純，大街的對面就是海邊，而且道路很簡單，跟同事一起自駕也都 OK。身為一個飛了十幾年的資深空服員，我要害羞的說，就算是東京，如果我自己出門的話還是會覺得緊張，因為那地鐵路線實在太複雜，常常坐錯路線。

一生一次 去夏威夷看火山岩漿

去夏威夷我一定要吃前面提過的 Loco Moco 和 Acai bowl 巴西莓果碗。Loco Moco 是一種很像咖哩但又不是咖哩飯的東西，在白米飯上面蓋漢堡肉排、半熟太陽蛋，然後淋醬汁在飯上面，香料結合日式和夏威夷風，好開胃，飯都不夠配啦！Acai bowl 巴西莓果碗是把巴西莓果打得像果泥冰沙，搭上新鮮水果、燕麥、蜂蜜，吃起來超清爽，好適合夏威夷這種海島。這兩樣東西在台灣其實都吃得到，但就覺得不夠道地，可能是吃的時候沒有配上夏威夷的太陽和海風吧！

有時候食物就是要搭上當地的空氣、風景，才顯得好吃，像夏威夷本島的北岸，有很多蝦車，就一台一台卡車賣著蝦飯，那個我第一次吃真的沒什麼感覺，有點像台灣的蒜味蝦，沒想到吃過會

上癮耶，每次去都要吃，吃的是一種「我在夏威夷」的感覺。

我的及時行樂也不是只有吃吃吃，在夏威夷我曾經看過很難得一見的景觀：火山熔岩。夏威夷有活火山，也有死火山，最有名的冒納凱阿火山（Mauna Kea）是休眠火山，海拔有 4205 公尺高，山上有個觀景台可以看星星，我和朋友到時已經半夜，氣溫零下，超冷，冷爆！但星星好美呀！

白天的時候我們還騎腳踏車去火山公園，基拉韋厄火山（Kilauea）是一個還一直在噴發的活火山，它驚人的是火山噴發以後，岩漿直接流進海裡，我們去的幾個月前，剛好火山爆發過，還一直在流，就看著岩漿很慢、很慢、很慢地從火山的邊邊流下去，下去的時候接觸到海水就「慶」煙，非常美，又有種很奇妙的感受。

重點從腳踏車出租站，騎到那個火山岩漿的地方，來回要 12 公里，而且大部分是顛簸的石頭路，我一個沒在運動的弱女子，騎到屁股都開花了，硬要看火山，回來還鐵腿好幾天。沒辦法，我連玩都很努力，說好及時行樂的嘛！

阿緹的快樂工作心法

之 7 ____ 我喜歡享樂，但我不拜金

有許多人對空服員的刻板印象都是「拜金」，好像這一行的人就是愛名牌包，貪慕虛榮……之類的，我剛入行的時候就有很多人問我一堆荒謬離奇的問題，像是「聽說你們跟機長睡就有包包噢？」，蛤？！這傳說到底怎麼來的，十幾年前的蠢問題，現在想起來真的超智障啊！

為了一個名牌包出賣自己的身體，有事嗎？值得嗎？這些問題也太白癡了！想要名牌包，我可以自己買。

好多年前，網路上流傳著一位學姐的經典名言：「寧願在奧迪車上哭泣，也不願在 TOYOYA 上放空。」在大部分人的刻板印象裡，空服員就是愛慕虛榮又拜金，不過我飛了十幾年，看了這麼多學姐學妹，真的不是所有空服員都那麼拜金啦！也許有部分女生是真的以跟有錢人交往為目標，但也有更多更多的女生努力賺錢養家，靠自己完成夢想。像我有個同事，為了跟男友一起存結婚基金和買房子的錢，每次飛到外站都只吃泡麵，完全不出門，更沒有娛樂，空服員一個月薪水六、七萬，她說她每個月至少存下五萬。

辛勤努力的空服員大有人在，我的好朋友 Ivy 從空服員轉做部落客，也是超拼的，還把自己逼到免疫系統失調長了皮蛇，但她努力的結果對她來說很甜美，她完成了自己買房子的夢想！

我沒辦法做到這樣，不是因為我拜金，而是我可能比較享樂主義吧，很多人是覺得有存錢才踏實，或買個房子才有安全感，但我認為自己開心比較重要，要我靠泡麵度日或不吃美食、不出門玩，那我就沒有享受到這個工作的樂趣啊！

我的金錢觀會放這麼鬆，可能跟我的成長背景有關，我爸媽是那種讓小孩很放鬆的父母，從不要求我們一定要如何飛黃騰達，也不會要求每個月交生活費給他們，做任何決定只要我們開心就好，讓我和弟弟完全沒有後顧之憂。

大概就是這種安全感，所以當有人問我：「妳有要買房子嗎？」，我的回答都是：「沒有啊！幹嘛給自己壓力？」我的薪水都拿去吃掉跟買保養品了啦！

對我來說，享受當下、享受美食、好好保養自己，才是最重要的。

話說回來，講到拜金，我從來沒交往過很有錢的男朋友，因為我重視的不是物質。首先，得先了解自己喜歡什麼（像我就是喜歡吃東西、愛喝酒），才不會在花花世界裡迷失自己！

我有個好朋友很懂精品，從空服員退下來以後去了愛瑪仕上班，她對精品瞭如指掌、如數家珍，翻商業周刊就看懂成功人士戴什麼錶，看名人 IG 就知道她們手上拿什麼包，偶爾也會想跟我聊精品首飾，後來她發現我很難聊，因為我對精品是鴨子聽雷，聽不懂啦！

沒辦法，從小我就對精品沒什麼概念，也提不太起興趣。雖然我爸媽讓我衣食無缺，但很少買精品給我，所以我沒那個習慣非得要不可。但是，如果老公要送我的話，當然好啊！謝謝老公～～～（聲音高八度）

我的好同事、好朋友、好姐妹 Ivy

一起走遍世界各地

Chapter2
看過的那些風景

星光大道，幸好我衝了！

我遇過不少白目的朋友，尤其是新認識的，不知道哪根筋不對，總會傳以前比賽的影片連結給我。哈囉～你覺得我會沒看過自己的影片嗎？幹嘛傳給我看啦！我自己都不敢點進去看的東西，不要再傳給我了（怒吼）！

以前都覺得自己很時髦很跟得上流行，現在怎麼看怎麼好笑。
唱歌難聽！
衣服亂穿！
還有煙燻妝和濃到看不見眼珠的假睫毛！
十幾年前的流行，年代感好強，當時的我看起來比現在還老，到底怎麼回事！

雖然這樣，其實那段時間我非常開心，精確來說，是很充實，有壓力、有甜美、有苦情、有刺激，全部混在一起，變成很獨特的風味，我人生真是不枉費有參加過星光大道！那不是我第一次參加歌唱比賽，但絕對是最精采的一次！（廢話，星光大道耶）

一次完成兩個夢想

我從小就愛表演，之前因為好玩，有參加過一些比賽，像是高中的時候參加過好樂迪舉辦的好樂之星歌唱大賽，還來台北比決賽（我家住台中），而且是我爸載我來的。至於星光大道這場，是因為我的空服員朋友認識節目製作人，要去試唱，問我要不要一起去，就這樣，我們一點包袱都沒有地在製作人的工作室——一個小房間，一台攝影機，一架麥克風——試唱，那時很多人去海選，但我不是透過海選管道，就這樣開始了比賽。

那時我已經是空服員，公司規定不能做業外的事，我參加比賽，算是違反了規定，幸好那時公司不算管得太嚴格，我回去寫報告，交代比賽的事，公司也沒有說不准，就讓我繼續比下去。

比賽錄影是隔週錄一次，一次錄兩天，一天彩排，一天錄影，我如果當天請假，補班又被排在隔天，勢必又要請假，如果有長班的話就要請更多天；比著比著，公司漸漸開始有意見，要我不能這樣一直請假，我只好先辦留職停薪，暫停空服員的工作，專心比賽。

殊不知，才一留職停薪，我馬上就被淘汰了，老天爺真愛跟我開玩笑。

不過還是覺得自己真的很棒，我從小想當空服員到處旅行，也很愛唱歌，幻想自己當歌手，參加星光大道得到第九名，那時候就覺得，我完成了人生裡兩件很想做的事，兩個夢想一起圓，24歲就夢想成真，沒想到這麼快耶，同時做兩件我很喜歡的事，覺得好滿足啊！

星光空姐隨時做好表情管理

參加星光大道後，原本空服員的生活也變成更有趣。剛比完的時候，很多人都認得我，我記得有次一個媽媽，帶著一個約莫小學四五年級的小孩搭飛機，小孩一看到我就對媽媽說：「媽媽，那是林佩瑤耶！」

媽媽轉過來看我，再轉回去回答：「怎麼可能！她那麼矮！」

小孩：「真的啦，妳看她名牌。」

媽媽：「噢！還真的耶！」

吼，是我啦，但說我矮的部分可以小聲一點嗎？我聽到了啦！

算了，在電視上看起來就是都會很高啊！後來也常遇到很多新的、沒飛過的同事會對我說：「妳本人怎麼那麼矮啊？妳在電視上看起來很高耶！」

呃……我不知道怎麼回答，我就真的很小隻啊……

另外，比完星光後，大家好像都跟我很熟，以前大部分客人需要我時都是說：「小姐，麻煩妳……」

後來很多人直接：「佩瑤，可以給我一杯水嗎？」

還有人更直接：「佩瑤，我又遇到妳了！」

搞得我每天都要做好表情管理，才不會辜負大家對我的熱情！

前面提過，我是和空姐朋友一起參加比賽的，其實她也有進到五十強，也一起進棚錄影，但她那時候怕被公司懲罰，就情商製作單位不要播出她的部分，然後退賽了。我們那時都很菜，才上線飛了一年多，她會怕也是理所當然。我就比較「憨膽」，反正都已經去比了，也沒什麼好怕的啊，就繼續比下去，要寫報告就寫，公司有意見再說。

人生有時就是要勇敢衝一下，參加星光大道這麼美好的回憶，幸好當時我衝了！

我心臟很強，
你們攻擊不了我的啦！

在這個時代，每個人都可以透過社群網站表達自己的想法，只要稍微有一點知名度，就一定逃不過網路攻擊，江湖在走，遇到這種事情在所難免。

那個時候還不流行臉書、也沒有 IG，大家都用無名小站，還有星光大道的官網，不過酸民文化在當時就已經非常非常嚴重了，我超常被罵，每天張開眼睛，一打開無名和官網留言板，就有一堆酸民在罵我！罵的內容多半是——唱歌這麼難聽，憑什麼比到現在，是不是靠關係？不然就是說我長那麼醜、那麼老，憑什麼跟其他人一起站在台上？之類的，反正不是攻擊歌聲，就是批評外貌。

現在回頭看覺得好好笑，酸民就那麼沒梗，罵來罵去都是那些，到底干他們什麼事啊！不過以前看到這些留言真的是很難過耶！

那時我才二十幾歲，第一次遇到這麼多人罵我，覺得好可怕！大家會說，如果在意網路上的留言，可以封鎖對方啊、加黑名單啊……有很多方法，反正最好乾脆別看，幫自己弄一個安全的防護罩，保持心理健康，但我就很犯賤，大家說不要看不要看，我

就是要去看，直接逼自己面對。

打不死我的都讓我更堅強

我不是那種在很痛苦的時候會想要逃避的人，相反的，我會讓自己痛就直接痛到底。我覺得去看是好事，看得越多就越覺得沒什麼，現在的我會練成金剛不壞之身，就是那時候看很多酸民留言練出來的，呵呵，那是一個練心臟最好的方式。

不過大內深功還沒有練成的時候，我也受蠻多傷的，那時候四面八方各種的壓力，看了一個還有一百個的黑粉，唱歌也沒有練到自己滿意的程度，常常沒來由心情很差，甚至還落下我珍貴的眼淚（看前面就知道我真的是很不容易哭的人），我才驚覺自己好像因為這個比賽，開始出現一些憂鬱的症狀（當然之後很快就好了啦）。

但我還是很慶幸自己參加過這個比賽，感謝當時有網友攻擊我，讓我可以強化自己不足的地方，甚至讓我的心臟越練越大顆，越練越強壯，再也不會那麼容易受傷，現在我完全就是笑看那些東

西，好的我繼續保持，不好的我修正改進，任何留言都傷不了我，我就是那個永遠自信爆棚的阿瑤。

酸民一直都在，現在還是有人會私訊我，說我都那麼老了，還一天到晚露奶，或是說我眼角都皺紋，還不趕快去保養之類的，奇怪欸！趁年輕身材正好當然要多多展現啊！眼角皺了我立馬預約醫美打電波，事不宜遲，哈哈哈哈！

謝謝酸民的震撼教育，讓我變成一個更好的自己！

林佩瑤妳是不是有大頭症啊？

參加星光之後，遇到很多哭笑不得的事。

那時我一邊比賽，一邊還是繼續上班，蠟燭已經兩頭燒，還要面對莫名其妙的指控，有很多不熟的人都說我是不是有大頭症？！

那時每天遇到同事都有超多 Q & A 的：
「欸！你們是不是有內定啊？」
我真的不知道有沒有，我覺得沒有啊！就算有，你覺得製作單位會跟我說嗎？
「那你們內定誰才是冠軍？」
沒、有、內、定、啦！
「那你星光同學人怎麼樣？」
很好啊！
「是不是每個人都耍心機啊？」
誰？不會啊！

每天跟不同的人飛，所以就是每天無限的 Q & A，有的問題好刁鑽，有的問題好無聊，我不知道怎麼回答，只能簡短回「沒有」、「不會」或「很好」。可能回答得太簡短了，有同事就跟我同學

說：「林佩瑤是不是有大頭症？我問她問題都一副不想回答的樣子。」

可是我真的每天被問得好煩，everyday 喔，真的是超煩。
大家就是會很好奇，你們比賽到底都是在幹嘛？你們的歌都是自己選的嗎？誰是內定？這次誰得冠軍？賴銘偉是內定的嗎？

哪有啦，其實一路看下來，很明顯的，得名就是真的靠實力啊！

但是我也因此警惕自己，雖然這些問題我被問過千百遍，但對問的人來說其實只有一遍，表示節目很多人在看，所以才會這樣，搞得我在飛機上都戰戰兢兢，因為每天都會有客人認出我，我隨時要做好表情管理，不敢有一刻是沒有笑的，比職業還職業地端出笑容說：「歡迎登機」「請問需要什麼？」「好的，馬上來！」。

大頭症？你的大頭鬼啦！想太多。

冷靜一點，沒有人針對你啦！

比賽的時候老師常常會提點我們唱歌的技巧，有些重點不只跟唱歌有關，還是整個人生的大功課，畢竟如果你沒有把心裡的東西整理好，是唱不出感動人的歌的。

我印象很深，有一次在化妝室準備的時候，正好坐在黃韻玲小玲老師的旁邊。平常看起來嚴肅，讓我都不太敢親近的小玲老師對我說：「佩瑤啊，妳就是太理性了。」所以我唱出來的歌都是沒有感情的。

對，我覺得老師講得一點也沒錯，我確實是相對比較理智的人。比賽時大部分的人自己被淘汰或好朋友被淘汰時，都會很難過，直接在節目上哭出來，有人會說他們是不是哭假的？沒有噢，他們哭真的，但我就是哭不出來。

就算這樣 我也沒哭

可能是因為那時我已經是空服員，見過一些客人，有過一些磨練，就算在飛機上被客人罵到臭頭、被學姐電、被座艙長訓，我都沒有哭啊！

提到座艙長，在我還很菜的時候，有次遇到一個以愛考空服員奇怪問題而聞名的座艙長，因為他最愛問一堆問題，每趟跟他搭到的人都很挫，尤其他又最愛電最菜的，果然！那次他一直一直一直問我，我當然是不會答不會答不會答，直接被考倒被考倒被考倒……，從上機前在簡報室一直電到飛機上，電整趟沒停過。

最後飛機上一陣慌亂終於打完收工！下班後在大巴上，同事靠過來問我：「欸！妳今天怎麼沒哭？要是我，在簡報室早就嚇哭了。」

哭什麼？我哭就輸了，而且我本來就不是個容易哭的人啊！

後來才知道，那座艙長電我主要是因為我以前很常請假，他覺得每次排到跟他飛的班，我就一定會請假，是不是故意不想跟他飛之類的。我至於這麼無聊嗎？我如果想請假一定是我真心想請或真的不舒服，才不是因為躲他好嗎！

我的處理方法就是一切全力裝傻，整趟都乖乖的，他要我做什麼，我都是回：「是！」、「好！」、「馬上來！」。那個當下，

如果真的哭了，他難道就會放過我嗎？而且，如果今天看一個人不爽，他還哭給你看，不是更欠電？

不過，我也真的是哭不出來啦！我本來就不是會把事情想得很糟糕的人。有的人被學姐電，就會覺得學姐是故意針對她，但我從來不會覺得我被針對了，學姐電我，我會感謝她還願意告訴我、教我，我也會表現出「謝謝妳願意教我」的受教樣。那個想考倒我的座艙長，他是真的誤會我了，所以我才表現出沒有因為怕他才請假！

所以即使那趟被電到外太空，但後來每次看到班表要跟那位座艙表飛，我也都還是正常上班，表現出我不怕的樣子，幾趟之後他就真的相信我，慢慢地對我越來越好，到後來還會跟我開玩笑咧！

醒一醒 沒有人故意欺負你

其實每件事都可以自己決定你要怎麼被看待，就是一個念頭、一個想法而已。有很多人，如果常常覺得全世界都討厭自己、跟自

己作對，就被覺得自己老是被欺負。

有一次跟一個同事飛，下班後她在回程的巴士上抱怨今天又被哪個學姐電。那時候我們都剛升商務艙，有些流程真的比較不熟練，做事比較不順，被學姐提醒一下沒什麼大不了的，做錯了當然會被提醒啊，我沒有覺得那樣就叫作「電」，學姐們在商務艙待久了，有很多心得，怎麼做比較快、比較好，學姐有經驗，我們照著做不是對大家都好嗎？

結果那位同事竟然說：「妳長得人見人愛，難怪沒被電過，妳不懂啦！」
哇咧……我在心中 OS：難怪妳會被電，妳都覺得人家故意電妳了，就算別人沒這個意圖，妳也覺得有。

大家可以醒一醒嗎？職場上偶爾被電在所難免，但真的沒有人會一直欺負你（搖晃肩膀）！

這種例子我真是舉不完，例如我有一位兒時同學，她很常換工作，每次的原因都是因為被同事排擠，所以只好換工作。如果只

有一兩個工作被排擠，可能情有可原；但如果每換一個工作就被
當時的每一個同事排擠，那可能就是自己想法的問題了。

其實大部分的時候，自己的想法及心態決定一切，如果自己做得
夠好，不會一直有人沒來由地電你或針對你；如果真的有這麼無
聊的人，那也不需要理他。總之無論在什麼位置，我覺得就堅守
崗位，做好自己該做的事，問心無愧就好！至於那些無故找麻煩
的人，就把他們當空氣吧！把自己的事情做好，比對付他們重要
多了！

每件事都是一體兩面，你可以這樣看，也可以那樣看，拋棄那些
負面的想法，人生就會海闊天空很多。

話說回來，理智這件事呢，也是有兩個面，雖然我唱的歌總是不
夠感人（所以我沒有拿第一名），但換個角度，我看任何事都可
以很理性、很客觀，不讓自己活在莫名其妙的情緒裡。

我沒有想贏，但我也沒那麼容易放棄

歌唱比賽是很直接的，你唱得好不好，不但觀眾都知道，會贏會輸自己也心知肚明；我一直覺得自己不可能是前幾名，那就比看看自己可以唱到哪。我從小就很有表演慾，既然有機會比下去，那就來啊！但本來是好玩的心態，開始有壓力以後，就不好玩了啦！

那時候一邊上班，一邊練歌，蠟燭兩頭燒，我的狀態其實很不好，比賽的時候看起來都很累，晚上也睡不好。雖然我神經大條，但每一次上台我都很緊張，每次比賽都覺得好恐怖！

最恐怖的是被要求改歌，本來是一首歌狂練猛練，練了一個禮拜，然後歌單一交出去，就被製作單位打槍，希望你改歌，建議唱另一首。尤其那時候的製作人，很喜歡在彩排那天突然改歌。當時我們是連續兩天錄影，第一天彩排，第二天正式錄，這樣一來等於就是要在隔天唱一首這週完全沒有練到的歌！本來在練的那首都沒把握了，何況是新歌，壓力超大，所以那時每週都處在很沒安全感又完全沒自信的狀態。

當下覺得好挫噢，怎麼都叫我唱不熟的歌，但是製作單位的考量

是有道理的，他們會覺得，我待在自己的框框太久，應該要跳脫出來。我常唱阿妹、Coco 李玟的歌，唱歌的方式被這些歌手限制了，也沒有自己的特色，所以他們想要我多嘗試，說不定就能找到自己的風格，走出自己專屬的路線，對節目來說也可以達到不同的效果。

但是我每次改歌的結果都很爛，不但沒走出自己的風格，分數還都不及格，不是唱得不好，就是忘詞。很不熟的歌，唱起來真的超級沒自信，就像跳舞，我本來就不擅長，硬要我跳的話就會綁手綁腳，跳得很心虛。

還是打給「解脫專線」好了？

星光大道不是去唱 KTV，麥克風拿起來就唱，裡面眉角好多，當興趣變成工作之後，真的很不好玩耶！那陣子不管工作、比賽、生活，都籠罩在星光之下，有比賽表現不好的壓力，有被酸民攻擊的壓力，有上班時要被關切的壓力，我跟其他參賽者說，我覺得我好像快得憂鬱症了，常常在家練歌練到一半就哭起來……（我明明就是不愛哭的人啊！）

結果大家紛紛都說「我也是！」，大家的症頭都「港款」啦！只是每個人面對的壓力有點小不同，像幾個比較紅的，只要一出門就被粉絲追著跑，幾乎不敢一個人走在路上，都要參賽者結伴同行；我比較沒這方面困擾，但我上班時要面對公司、同事還有飛機上所有客人的關切眼光，每天都掛著面具，不能有一分鐘鬆懈。每天「ㄍㄧㄥ」在那邊，很緊繃，回頭想想，又沒要得第一名，幹嘛不乾脆把比賽放水流？沒有喔！我完全沒想過有這個選項，壓力雖然大，但都已經做了，就要做到底；頭都洗下去了，難道要頂著泡泡出門？我當然要吹完頭髮，弄得漂漂亮亮才甘願！

這就很像以前輪到要飛長班的時候，我們都會有長班憂鬱症，覺得不想飛不想飛不想飛！在床上滾來滾去，不斷掙扎要不要打「解脫專線」（就是打去請假的意思）；結果一上機，還不是好得很！到目的地時還不是照樣吃照樣玩，不知道出門前到底是在憂鬱蝦毀。

有時候真的打了解脫專線，結果隔天補了一個更爛的班，不是更「傻眼」？！解脫不見得真的是王道，去了就好了！不管什麼事，硬著頭皮做下去，船到橋頭就會自然直啦！

愛唱歌不一定要當歌手

我人生有兩個志願，一個是當空服員，一個是當歌手。比完星光大道以後，雖然沒有選擇發片當明星，但是我們有出過一張合輯，有一些作品，我也算是有點知名度，算是已經圓夢了，享受到比賽過程的點點滴滴才是最要緊的事！

其實我曾經有進一步的機會，那時有位學姐的老公在外商唱片公司，曾找我去跟老闆談，他們問我願不願意離開空服員的工作，全心投入演藝事業。

空服員、歌手……都幾（哪一個）？！

我幾乎沒有猶豫，我很清楚，演藝圈真的是你要非常非常非常努力，才能得到一點點成果，或是中樂透般超級幸運，鴻運當頭，突然大紅大紫。我並不覺得自己是那個幸運的人，努力的程度也沒有像其他人那樣，真的是拼了命在衝，我那時算半隻腳踏入圈子，在那裡看了好多好多努力的人，還有人甚至為了比賽休學、離職，全心投入，我在裡面算是比較不努力的，哪來自信說要當歌手？

加上我非常喜歡空服員的工作,那是我的舒適圈,跟歌手比起來相對沒壓力,因為所有的壓力就只有在飛機上,下飛機就任務完全解除,算是一個穩定又好玩的工作。但歌手要發一張唱片,不知要做多少的努力和準備,還不知道要等待多久才有機會發片。

唱片公司還問我,願不願意為了唱歌離開航空公司?我就直接說我沒辦法,我沒有想過要放棄空服員這個工作,畢竟那時我才飛一年半,根本都還沒玩夠啦!

不管什麼工作都要做得閃閃發亮!

最擔心我辭掉工作的是我媽!

當初我考上空服員,她一開始還勸退我,在收到錄取通知後還跑來房間跟我長談,然後說:「妳要不要在台中找一個工作,或是乾脆去某某阿姨的服飾店上班就好?」

我媽是一個很保守的人,希望把小孩留在身邊,尤其我是女生,她不想要女兒在外面吃苦。那個年代長輩們會覺得空服員是有風

險的工作，身為父母，他們私心地只希望我待在安全的環境裡。

可是，我的人生為何要窩在一間小小的服飾店（雖然是賣舶來品的）裡？我不想要這樣的人生啊！

後來我還是堅持要當空服員，爸媽也接受了這件事。很妙的是，我去比賽之後，我媽她又怕我辭掉工作進演藝圈，一直跟我說：「妳不要一時衝動就把工作辭了喔！」

我不會衝動啦，妳看，我空服員一當就當了十三年，我是不是好棒棒！

有人問我，會不會遺憾錯過五光十色的演藝生活？完全不會！人生精不精采、炫不炫麗，跟你做什麼職業沒有關係，我選擇把生活過得多采多姿，不管什麼工作，我都要做得閃閃發亮！

而且，我覺得我已經五光十色過了，畢竟我去美國職棒大聯盟現場表演過欸！

有多少人能在美國職棒大聯盟唱歌？我啊！

要說此生最難忘的表演經驗，那一定是在美國職棒大聯盟代表台灣演唱「梅花」的光榮事蹟了。

那天是紐約大都會球隊在中秋節前夕，在主場舉辦的「台灣之夜」，我的前東家中華航空為贊助商之一，因此公司安排我穿著華航制服，在球賽開打前，上場演唱代表國家、也代表前東家標誌的「梅花」作為開場歌曲。

我永遠都記得這天有多緊張！天啊，美國大聯盟欸！全場這麼多觀眾欸！這絕對是我見過最大的場面了，沒有之一。於是我自備了一小瓶威士忌，壯膽又暖嗓，反正喝了再上！

結果，真正上場時其實已經有點暈暈的了，雖然還是有點緊張，但表現的比想像中好很多，有喝真的有「保庇」！

距離這次的表演至今已將近十年，每一年臉書回顧都會提醒我，在 2011 年的 9 月，曾有過這麼難忘的表演經驗，每次看到這則

動態我就會再次分享，身邊家人朋友每年看都看膩了，但我每年都照樣分享下去，畢竟這是我此生最光輝的時刻，一定要逼大家陪我一起回顧！

把自己活得精采，是因為你相信自己的選擇。

那些年一起看鬼片的星光戰友

參加星光大道讓我得到最大的收穫不是第九名的名次，也不是最美空姐的封號，是我交到了一群星光好朋友，即使十多年過去，我們仍然時常聯絡見面，任何人的重要時刻我們都努力參與。

比賽期間有一個畫面深印我腦海，就是錄影後我們都會約在某一個人的家裡，一起看節目播出，比賽的時候有多緊張，看播出的時候就有多刺激，很像集體在看鬼片，但是演鬼的是自己⋯⋯

「妳又忘詞！」
「你緊張到嘴角發抖好明顯！」
然後此起彼落：「天啊，我好糗喔！」

看到自己的表演常常覺得好蠢，彼此還笑來笑去，半斤八兩啦！那種革命情感不是每個人都有機會經歷，我超幸運，明明我們彼此是競爭關係，卻沒有競爭的心機，大家一直都非常要好，感情維持到現在，只要有空還是會約一下，有些人可能要發片或拍戲，即使比較忙碌，不容易約，但只要不是宣傳期，大家還是會想辦法聚在一起。

磁場相近的人，自然就會走在一起。

當然，我也遇過把我當競爭對象的人，但也就那麼一個，所以印象蠻深刻的，我也主動盡量遠離她。我還記得，最後她沒有進十強，結果被淘汰之後，她在後台跟朋友大聲抱怨：「憑什麼是我被淘汰？為什麼不是林佩瑤！」

殊不知，那天我朋友正好陪我去錄影，就坐在後台，當場被他聽到，這一幕立刻傳到我耳裡。也許她覺得自己多才多藝，但最後被留下來的竟然是我，讓她無法接受。但比賽本來就是有輸有贏，也只能勸她要看開一點。

而對於這種自負又說話不留餘地的人，我也盡量離遠一點，以策安全。

我的星光好朋友

除了這段意外的插曲，其他參賽者都跟我關係很緊密，我也很珍惜相遇的緣分，有些人甚至讓我感到佩服。本來大家都是去比賽

的，各顧各的也是理所當然，自己練習都來不及了，哪裡有美國時間去管別人？但是有些人就很不一樣，像是梁文音。

那時我唱得不好，自己也知道，有時候在樓梯間練習，文音會過來看我，叫我唱給她聽，她來幫我聽看看哪裡有問題。欸，以前當學生時不是有一種人，每次考試的時候都說自己沒看書，結果一考就考 100 分嗎？我以為比賽現場應該會充斥這種人，結果完全不是！文音就超幫我的，不但幫我練習，還時常寫小紙條幫我打氣，鼓勵我，紙條內容是寫滿滿的那種喔，超熱情的！她是一個單純的傻大姐，常常想太少，有時又太直接，但行事作風卻又好貼心、好 sweet，對我來說她是一個非常重要的朋友，在她身上我學會了什麼叫無私！

還有曾沛慈也是，只要一有人被淘汰，她比被淘汰的人還難過！像是我被淘汰那天也是，她在旁邊依依不捨，還帶著哭腔說：「瑤，妳不要走！」親愛的曾沛慈小朋友，我只是比賽被淘汰，未來的人生裡，我們還是一輩子的好朋友，一樣會常常聯絡，常常見面，切莫如此傷悲好嗎！

至於魏如昀，不要看她好像很酷，畫著黑黑的煙燻妝，一副很有殺氣的樣子，其實她內心完全是個單純的小女孩，很善良很可愛，對朋友常常有種可愛的依賴，會讓人想保護她的那種。

黃美珍也是外型很容易被誤會的類型，Rocker 的外表，看起來好像很難搞、很「拍到頂」，其實最好說話的就是她！我以前心情不好時都會打給她說：「黃美珍，我今天心情不好要去睡妳家！」她都會說：「好啊，妳來！」結果一到她家，食物都幫我準備好了，床也鋪好了，連面膜都「傳便便」，晚上睡前一起敷臉聊天好不愜意這樣！

星光的溫暖真的值得我歌頌，連高高在上、講評語時常讓我們玻璃心碎滿地的老師們，也都非常關心我們，尤其是張宇老師，我蠻意外的，他對我們不只是錄影時的短暫交流，也真心希望我們都能更好，他是唯一一個會寫 email 鼓勵參賽者的老師，錄影完大家原地解散後，他還會寫 email 提醒我們唱歌的問題在哪裡，那個溫暖，到現在都還留在我心中。

Chapter3
愛過的那些青春

有一種戀情，是靠遠距離維繫

我相信很多人提到我，還是會在第一時間聯想到我那位交往十幾年的球星前男友，畢竟我們在一起十幾年，從高中經過大學時期，再跨到空姐年代，然後到星光大道，愛情長跑超久。

高中就開始交往，相處的模式比較不像成年男女談戀愛那種充滿浪漫粉紅泡泡的情節，對比後來我老公追我的那種窮追不捨，可能比較像是交情好的高中同學在那邊 buddy buddy 的，連叫彼此都常常叫全名，或是「欸」來「欸」去的，像在叫隔壁同學一樣。

可能因為我們相處的這種氛圍，現在想到一些往事還是忍不住會心一笑。

我不是愛名牌的人，他也不是，有次我們一起出國，我看到一個包很想買，那個包很小，大概塞我的手機、唇膏就滿了，裝不了什麼東西，價錢是 150 元美金，我就問他可不可以幫我出 100 元，他爽快答應，於是就買了。後來有次我們一起去喝喜酒，我正好揹了當初他幫我出 100、我自己出 50 那個包，停好車，他說：「欸！車鑰匙放妳包包。」
我說：「欸！放不下。」

他一副不可置信：「妳花了霸五箍，結果連鑰匙都裝不進去？」
接著就是一直唸：「妳買這什麼包包？什麼都裝不下！」
對，笑死，他出得比我多，但他的鑰匙放不進來。

由這件小事就可以想見他講話有多直，可能因為我們很年輕就在
一起，他簡直把我當成兄弟一樣，不來憐香惜玉那套。

對未來沒有共識

球星前男友是很務實的魔羯座，不抽菸、不愛喝酒也不交際，雖
然長得很帥，自制力卻非常好。以前我飛出去工作，完全不需要
擔心，工作態度也都很認真，實在是個非常理想的好男生，可惜，
最後因為對未來沒有共識，只好說再見。

以前在新聞上看到明星情侶說什麼彼此「對未來沒有共識」所以
協議分手，都覺得 boooo……（拇指朝下），官腔！直到自己真
的走到這個「坎斬」，才真的領悟原來世界上真的有這樣的事情。

我們在一起那麼久，家人總希望時間到了可以有個結果。其實我

沒有一定要結婚，大概在快 30 歲的時候是會覺得有點驚慌有點急，但過了 30 歲就覺得再急也就那樣，開始不覺得一定要結婚。但那時家人常逼我進度，我被逼得有點煩，沒有結婚打算的他也覺得壓力很大，自然就走向分手。

那時候我傳了一大段訊息給我爸媽，告訴他們我分手了，他們很難過，回覆一封超級長的訊息給我，說他們也覺得很遺憾。畢竟看這個人也看了十幾年，而且他人品、各方面都非常好，對他們而言，不能成為家人總是很可惜。

習慣了遠距離 反而不能一起生活

但是平心而論，這個結果對我和他來說是很適合的選擇，我們雖然在一起很久，但他以事業為重，我平常都在飛來飛去，十幾年來談的都是遠距離戀情，我們一個月只見面兩天，陪伴彼此的時間其實很少。一般球員的另一半都會在男友家打理家務，在他們去外地比賽前幫他們整理行李，但我不用；我家電燈壞掉、馬桶不通、水管堵住，也沒有男友會來幫忙，任何大小事我都是自己解決，完全各過各的，沒有一起生活，對彼此也就

沒有太大的依賴。

好笑的是，如果相處久一點，像是一起出國相處個六七天，我們就會吵架，而且是每天都吵，好像遠距離習慣了，我們反而沒辦法一起生活。

他們球隊在季後會全隊一起出國玩，他也都會帶我去，某一年去了峇里島六天，那個禮拜我們每天都在吵架，而且吵的都是芝麻蒜皮小事；比如有一天他要去泛舟，我沒要參加，他借了我的防曬噴霧，我就在旁邊的攤販喝咖啡吃點心等他。隔天要飛回台灣，在機場過海關的時候他被攔截下來，因為那個噴霧他用完沒有還我，直接收到他包包裡，結果噴霧不能上飛機，所以當場被海關直接沒收。

他超愛惜羽毛的一個人，整個球隊的人都看著他東西被沒收，所以他覺得很丟臉，通關後他馬上來唸我：「欸，林佩瑤，妳那個噴霧幹嘛不拿走，害我被攔下來！」

欸，自己沒有還我，害我的東西被沒收，還敢先說我！就這樣，

又吵了起來。

隔年他們球隊去夏威夷，這次出發前我先提議我們來挑戰七天都
不要吵架。然後過完了一週的夏威夷旅行，我們真的挑戰成功，
完全沒有吵架，雙方都覺得我們好棒棒，好驕傲……對，我們就
是這麼幼稚！

勇敢拿掉那個牽絆

因為沒有長期住在一起生活，我們都發現，如果我們每天都住在
一起的話很會吵架，而且永遠是相處的小事。有次我們開車去花
蓮玩，中間先住宜蘭，隔天再去花蓮，從宜蘭到花蓮的車程真的
好遠，好幾個小時，我就睡著了，一睡醒我就開始補妝，因為等
等到了景點要拍照，然後他就生氣了！

「一上車就開始睡覺，也沒人陪我講話，我也很想睡耶！」

他開車開得很累，我又睡醒就補妝，就惹到他了！那你也沒跟我
聊天啊，難怪我會睡著，哈哈哈哈哈。

總之平常他忙他的比賽，我長程、短程地飛，只要不見面，我們
就相安無事，反而多相處一點就有事了！沒想到我的戀情竟然是
靠遠距離在維繫，這種狀態的交往，如果是剛在一起的情侶一定
馬上就分手了啊，但我們就在一起太久了，變成一拖再拖。

之所以還能在一起，並不是因為我們感情依舊濃烈，也不是生活
上有什麼分不開的連結，而是用過去十幾年的情分在維繫這段感
情，然後就會覺得好像這段關係只是在綁住彼此而已，幹嘛不給
彼此一個海闊天空？

揮別十四年的青梅竹馬，雖然很可惜，但是同時也是勇敢拿掉一
個牽絆，重新開始！不管是在當時或是現在回頭看，我相信放手
對彼此都是最好的決定。

愛情中邪事件

不知道你有沒有碰過一種人，全世界的人都看得出來她男友是渣男，但是怎麼勸都勸不聽，死活都不分手，像是鬼打牆一樣？我就當過這種人！當初我身邊朋友都無奈到翻白眼，怎樣都打不醒我，就連當時男友的朋友都看不下去，但我就是醒不來，這不是中邪什麼才是中邪？

而且吵架時，他說的話都超級過分，我這輩子聽過最可怕的話，都是出自這任男友的嘴巴！

我們最常吵的話題就是只要我上班飛出去就找不到他人，記得某一年多天，有家旅行社和我合作，贊助我和朋友到日本東北旅遊五天，回來寫遊記幫忙推廣。結果第一天晚上，大家都在跟男友視訊，就我找不到人，超心酸。但我只要一問，就一定吵架。

「我要去哪裡到底關妳什麼事？」
「我是我自己的個體，我跟妳交往，為什麼還要承受被妳管的壓力？」
「為什麼要告訴妳我在哪裡？為什麼要告訴妳我在幹嘛？」
「妳就飛出去好好工作就好了，幹嘛找我？」

我才十萬個為什麼,為什麼聽到這種話我都沒提分手?!
因為我中邪

還有,他是政治狂熱者,但偏偏我政治冷感,所以每次他跟我聊
政治,我都超無感。某一次吵架他居然拿這點來說嘴:「我真是
不明白你們是什麼樣的家庭,會教出妳這種沒有國家使命感的小
孩!」不但人身攻擊,還攻擊我的家庭,超過分!

我看過最荒謬的行徑也是他。他每一次出國玩就會要求短暫分
手,因為這樣就可以很自由,不用被管。比如有一次他要出國一
個月,他就跟我說:「我們這一個月就好好先做自己的事,如果
有緣分的話,之後回來再在一起。」這段期間我不能主動找他,
可是他只要突然想到要打給我,我就一定得跟他視訊,不能讓他
找不到人。就這樣,他常常會出國流浪,沒消沒息,然後回來又
主動出現,我們就又在一起。

荒不荒謬?他荒謬,我也不遑多讓啦!我們在一起兩年多,分手
了六次,真的不能怪他為什麼這樣對我,也要怪我自己為什麼完
全沒有底線,讓他這樣對待我!

分手都是他提的，除了出國消失又回來復合之外，也有因為想了解別的女生，就先單身一陣子，認識之後覺得那女生好像也還好，就又回來找我，還這樣跟我說：「還是妳對我最好。」

詭異的是，分手後只要我已經開始要認識其他男生，他就又跑回來示好，很積極地把我追回去。

分合那麼多次，有些細節我已經想不起來，但是那個痛苦的力道我記得很清楚，幸好那個時候我還在當空服員，距離拉開了一點殺傷力，不用時時刻刻陷在痛苦的關係裡，但也常常飛得心驚膽跳，覺得他是不是又趁我不在，跟別人在一起？！

到底要分合幾百次才懂了斷

最後一次分手，也是他出國。第一個禮拜去參加一些研討會之類的，第二、三個禮拜待在那邊玩，那時還沒分手，但我每天都找不到他，終於，某一天找到了，他爆氣地吼我：「我出國玩就是來放鬆的，到底為什麼要跟妳講我在幹嘛？妳到底為什麼要每天都找我？為什麼要管我？我真是受夠了，我要跟妳分手！」

Again，他又要分手了。

然後他不想鳥我，也不接我電話，不回我訊息。好啊，分手就分手。

老實說，我們真的分手太多次了，每次都會復合，所以那一次我仍然覺得我們會再復合，我每天哭哭啼啼，但還是偷偷懷抱希望，不知道為什麼，心一直卡在他身上。
因為我中邪

分分合合那麼多次，愛得好苦好苦，卻無法結束，心想一定是上輩子欠他太多，這輩子我是來還債的……總之，我依然想盡辦法合理化一切。

分手兩個禮拜後，我遇到了我老公，也有跟其他男生約會，這時前男友果然跟之前每次分手一樣，跑回來找我、打視訊電話給我，我當然都因為心軟而無法斷了聯繫。直到我老公每天接送我、一起吃飯，佔滿我所有的時間，讓我完全不會想到那些狗屁倒灶，才慢慢淡忘這個人……

中過邪才珍惜清醒的自己

但我往回看，並不會覺得自己不想要經歷那些，雖然過程很痛苦，但我還是有必要走過那一段，因為它改變了我好多想法，改變我看男生的角度，不然我可能還是停留在本來選擇條件的框框裡，死忠的「外貌協會」會長！

像我老公一開始並不是我喜歡的類型，我喜歡身高較高的男生，他沒有很高；我不喜歡奇妝異服的男生，他髮型超級奇怪；但可能上一段感情真的太受傷，我會覺得如果遇到對我好的男生，就嘗試認識看看。如果我沒有經過渣男這段，選擇條件的框框絕對不可能拉大，那我老公一定一開始就被打槍，還沒真正認識就胎死腹中，根本沒機會再進一步。

謝謝那些愛過也痛過的養分，以前的我，愛不愛完全憑感覺，如果會喜歡對方，我在一開始就會覺得有可能繼續發展；相反地，我不喜歡就不喜歡，不會多花兩秒浪費時間。但經歷這些後，我越來越理智，我為什麼要喜歡一個沒那麼愛我的人？我應該試著去認識真心珍惜我、對我好的人，再決定要不要給彼此機會。

講到我老公，我當初甚至覺得我不會喜歡他，但這個人就是越認識，越覺得好像很可以……，這樣的心境都是拜上一任所賜，所以**即使再從頭來過，我還是會選擇去經歷那段曾經，承受那些痛苦，因為走過渣男之路，我真的比較會看人了啦！**

人生最痛苦的時期幸好只持續兩年多，說短不短，痛得很煎熬，但說長也不長，沒有長到我灰心喪志。那個醒不過來的當下，真的是誰來講都沒有用，不只是我的好朋友，連他的好朋友、甚至他的家人都叫我不要再跟他在一起，但我陷在那個狀態裡，誰都拉不出來，等到有一天真的醒了，才覺得當初到底怎麼會中邪的也不知道！

如果你談戀愛談得很痛苦、很不健康，相信我，那都是不對的感情。真正的愛是平等的，是健康的，是會想讓對方好、想讓彼此更好的。

有時候執著在一段不健康、不平等的感情上真的沒有用，有時候不想分開也不是真的有多愛，真的就只是不甘心而已！

戀愛中不可輕觸的手機聖地

你會看另一半的手機嗎？

對，是指偷看的那種看，不是一起看什麼有趣影片那種看。

我現在完全不會看我老公手機，在跟前男友交往以前也不會，就只有無聊的時候，對方給我看一下好笑的內容。真的是要查案的那種，就只有針對上一位男友，我會趁他洗澡的時候偷看他手機，這行徑很可恥，但當時就……就很必要啦！

我跟他在一起的第一年，還沒看過他手機，一切的開始是有一天他給我看一個影片，結果 LINE 跳出一個女生的名字來訊息，「I am free tonight, are you？（我今晚有空，你呢？）」

這什麼鬼內容，很有事吧？

我就一個沉不住氣的人，馬上質問他，他給我的解釋是說那女生是他打 Poker 的牌友，問他今晚要不要一起打牌。

案情有那麼單純嗎？（挑眉）

我直覺很怪！打 Poker 也不是這樣問的吧？後來我開始偷看他手機，踏上感情的諜對諜之路。這才發現，真的很不得了耶！原來他們常會約見面，內容差不多就是——

男：「我今天心情不好，妳可以陪我嗎？我很想妳。」

女：「我也想你，可是你女友呢？」

男：「我女友今天飛雅加達三天班。」

第一次看到的時候心跳超超超超超超快，見鬼了！我到底看到了什麼！！！我還天真地乖乖交出我的班表，讓他們完全很好約，這次約不成，居然還約我下次飛出去的時間，難怪只要我飛出去，常常就會找不到他。

那時超崩潰的，他家境雖然不錯，但嚷嚷著喜歡靠自己，不想當靠爸族，所以去當一個月領兩三萬的學徒，我也不在乎什麼賺錢什麼收入，只要你愛我就好了！交往中我愛你你愛我，不是基本的嗎？這種事還做不到也太過分了！更過分的是，那位女生是有男朋友的人，而且男朋友還是我那位前任當兵時的好朋友！我都不知道要下什麼註解了⋯⋯

但我沒有因此分手，只要求他和女生斷乾淨，繼續看他手機，才知道他們之前還有金錢往來，要斷乾淨的時候就開始有金錢糾紛，離譜！

雖然想說這男的也太扯了吧！可是那時候還在很愛的階段，他只要為自己辯解幾句，哄哄我，三兩下就原諒了，一心相信他可能會改變。

你可以接受偷看的後果嗎？

選擇原諒沒有讓我好過啊，那次之後，我更常偷看他手機，他雖然很常換密碼，但是更常喝醉，茫了之後會直接在我面前按密碼，我就在他喝醉睡死的時候去看，他又是很不愛刪訊息的人，我每次看都覺得……內容好精采啊！就連他出車禍上了新聞，都是跟別的女生出去，這也是我後來看手機才知道的。

那陣子我好苦，只要飛出去就很不安，想像他會不會又偷約哪個女生。回顧那段時間的照片及影片，看到當時的我，都覺得看起來超慘，好憔悴的感覺。

要不要看另一半的手機，有的人當然主張不要，要保留個人隱私，留給彼此空間……什麼什麼之類的碗糕；有的人也說應該要看，才知道當下是不是有自己不知道的事。我是覺得在看之前要先很認真地問自己：「你可以接受偷看的後果嗎？」

如果真的看到什麼晴天霹靂，你要假裝不知道還是要直接攤牌？你要原諒嗎？

跟前男友在一起之前，我的人生順順的，從沒有覺得苦過，遇到他，真的是太苦了，不過我是一個勇於正面迎戰痛苦的人，手機明明不能看，但我硬要看（跟之前去看酸民留言感受那種痛苦有點類似），就覺得讓自己痛到一個極致，就會完全免疫，甚至願意離開了。

有能力去面對痛苦，是一件好事，很多事情過了就好了，當下打不開的結，解不開的謎，都化開了，跟喝醉以後終於清醒一樣，頓覺豁然開朗。

發現被背叛，妳會原諒嗎？

有的時候，不知道反而幸福；知道太多，還要選擇要不要原諒。

某前男友，就是讓我感情中邪的那位男士，說要去日本實習，我記得是一個月或兩個禮拜，一開始說要去時，還跟我說好要我去陪他，叫我把假先排好。後來接近出發的時間，又改口說：「我一個人要去那邊工作，沒辦法照顧妳，妳不要去了。」

噢，好吧，排好的假只好取消。

但是他到了日本之後的某一天，又突然打電話跟我說他好想我，叫我喬休假過去陪他。那時我本來喬好的假都取消了，只好重新換班，千辛萬苦換到六天休假，終於飛過去陪他。

到了那邊，我還是覺得怪怪的，就趁他睡著，偷看他手機（又來了，sorry），原來他本來有先問別的女生要不要去日本找他，但那女生沒答應，他才找我。

偷看手機就是這麼恐怖，接下來又是一連串我的質問和他的鬼話連篇，不意外。

我：「你為什麼找她？」

他：「因為她日文很好，可以當我翻譯。」

他到日本去實習是這位女生去幫他談的，這件事她有幫到忙，找她來好像真的很合理？

因為當時中邪，所以合理化各種說詞，現在想起來都超不合理啊，找她來幹嘛跟我錯開？！而且，他們對話還沒完。

她：「你不是有女友嗎？」

他：「沒有啦，我知道妳對我最好，我跟我女朋友就那樣，我對她沒有愛的感覺。」

What ？ WTF ！

有人喜歡妳男友 妳應該開心才對？

偷看了一陣子手機，我經驗老到，他劇本就那套，我都會寫了。對別的女生都是：「妳對我最好了，妳最了解我，跟妳在一起我好舒服自在，我女朋友都不懂我，我對她沒有愛的感覺。」

女朋友就是我本人；安撫我的時候就說：「我最愛妳啊，妳看這麼多女生喜歡我，但是能陪在我身邊的只有妳。」

這麼瞎噢！但我還是沒有放棄，我都原諒，我覺得他會為了我改變。（嘿，對！我就中邪）他媽媽也大概知道是什麼情況。那時候常常有女生半夜喝醉打電話給他，某一天我們在他房間聊天，有電話來，他看了來電顯示，不接，我瞄到來電大頭貼是個女生，問他：「怎麼不接？」

他回：「不重要的電話，不用接。」

這時他媽問說怎麼啦？我直接說有女生老是喜歡在半夜打給他。

他媽媽說了一句很經典的：「妳應該高興妳男朋友有很多人喜歡。」

蛤？！你們母子還真連心。

他媽媽還說：「我朋友的老公外面有女人，她一直跟老公吵，我就問她：『那妳有要離婚嗎？』她說沒有，我就說，那妳幹嘛吵啊？」

我覺得很多男生的媽媽都是這種莫名其妙的路線。不久前我有個女生朋友離婚，老公劈腿，那時候她公婆跟她說外面的女生都不

是認真的，要她放下，還叫她「在外面不要跟別人講」！

不少長輩都這樣，覺得背叛沒什麼大不了的，寧願維持一個假象，也要守住面子。

雖然我覺得這樣很瞎，但當時的我更瞎，因為經歷完這些我居然都沒分手。以前我可能太執著在維持一段關係，再糟糕的情況，難過完，哭一哭，立刻又可以原諒，樂觀過頭地以為他會改變。現在，如果我老公背叛我，我可能會考慮久一點再看要不要原諒，至少，我已經不像以前那麼盲目忍耐了。

到底要不要做自己？

我是沒有做不做自己的問題，因為我也不知道怎麼做別人啦！但覺得這是一個在愛情裡面很有趣的題目。

以前和前男友們再情投意合、再喜歡彼此，就是沒辦法做自己做得很爽快，比如男友會管穿著，穿太露有意見，穿細肩帶不行，blah blah……，也有那種不愛我跟朋友玩樂的，只要我一出去喝酒就不爽。我又很常談那種遠距離的戀愛，只要讓對方知道我要出門，對方就半小時打一次電話，一直打，一直打，只要一通沒接到，我就死定了。

我是一個很重朋友的人，不會因為這樣就不出門，所以常常為了這種事吵架。

幸好遇到我老公，完全不查勤──因為他都跟著我一起去！至於我穿什麼，他也沒意見，讓我完全做自己。另一方面也可以解釋說以前年輕，各方面拿捏得不好，所以會被提醒說，你在外面不能這樣，不能那樣；現在我已經經歷過很多事情，什麼事該怎麼做，該講什麼，我都有底，自然也不太需要被管。

做自己？你可愛嗎？

但是我又覺得「做自己」是一件很詭異的事，每個人談戀愛的時候當然都希望可以遇到一個可以讓你不用假裝、不用做作的人，可是也要 care 一下你做自己的時候有沒有妨礙別人或傷害自己（的形象），還有，你做自己的時候到底可不可愛？

我在飛機上有看過各式各樣的人，有的真的做自己到我覺得「天啊你也太太太勇敢了」！為了吃不到一碗鴨肉多粉，在飛機上大聲咆哮，或從經濟艙經過商務艙看到點心就自備袋子猛裝，還有慾求不滿一直跟空姐要東西，甚至還有人直接開口要商務艙的紅酒想帶下飛機，總之要這個要那個，什麼都要。

這些例子是跟談戀愛沒什麼直接關係，但是，只要生而為人，不要說是談感情，你走出家門就要稍微拿捏一下分寸了，何況是在愛人面前，是不是？

話說回來，有一種「不做自己」，我覺得也蠻可怕的！他們剛開始在一起的時候會披著可愛的外套，假裝對方的一切缺點都不在

乎，但心裡卻萬般努力想讓對方把缺點改掉，比如根本沒辦法接受對方愛打牌，嘴裡卻說沒關係，剛開始可能還陪著去打，等到穩定交往後就開始逼人家不准打牌，不准跟牌友聯絡……哈囉，你有事嗎？

如果愛上對方之後想要大肆改變對方，你確定你愛的是他本人嗎？！

我有個女強人閨蜜常常會抱怨老公不積極，沒有大格局，但她老公就是可以把很多公司的瑣事都處理得很好的人，而且是從他們一開始交往就是這樣「女生處理大事，男生處理瑣事」的狀態，很多瑣事我那閨蜜根本也處理不來，是要抱怨什麼呢？兩個人各自做自己，不是很好嗎？他們就像是兩塊拼圖，只有她或只有他，拼圖都拼不起來啊！

如果可以，請找到屬於你的那塊拼圖，不用痛苦得這裡修一個角、那裡切掉一邊，自然而然就可以拼在一起，不用管誰可以做自己，輕鬆自在地去愛！

對我來說，兩個人在一起不是做自己或不做自己，而是各做 0.5 的自己，互相扶持，相互包容，拼湊出更好的彼此。

Chapter4
被愛的那些自由

第一次約我就送戒指，你有事嗎？

結婚之後，生活上的事情主廚一個人都默默扛下，讓我當一個無憂無慮沒煩沒惱的人妻（噢，有啦，其實我每天最煩惱的事就是瘦不下來跟要不要開紅酒來喝……是不是有點過太爽了）！不過，我沒想到我會閃婚，更沒想過我會嫁給一位主廚，究竟這段婚姻之路怎麼走來的？對我來說有點好笑，對主廚來說卻是一段辛酸的求愛歷程。

那時路易奇洗衣公司剛開幕，在找 KOL 體驗試吃。我接到邀約，剛好跟前男友分手，想說也沒什麼事，就找了一個女生朋友陪我去，那是我第一次見到主廚。

當時已經接近打烊時間，比較沒那麼忙，主廚從廚房出來聊天，順便做做客服，問食物合不合胃口，結果一聊，發現我們的交集有點微妙……

主廚：「欸，其實我們兩個的臉書有共同朋友耶！」
我：「誰啊？」
結果他說出來的名字竟是我前男友的妹妹！原來她是他第一家餐廳的前員工，所以他臉書好友有加她，還加了我前男友……世界

有這麼小嗎？

總之，他聽到已經變「前男友」，代表我是單身，就開始出手追我了。

我記得他當時跟我說我本人比照片漂亮，然後我的聲音很知性……哇，我第一次被說很知性，基本上，我跟知性好像扯不上邊……（吧？）

比較誇張的是，才第一次見面，他就給我開黃腔，而且是一個爺爺等級的黃腔，任誰聽了都會忍不住翻白眼！

我們點了鹹蛋黃義大利麵，正讚不絕口，他馬上接說：「好啊，那下次我再下『麵』給妳們吃！」超難笑的，誰知道我那位一起去的朋友，一個很有氣質的乖乖牌女生，竟然笑了！

主廚長得娃娃臉，說起黃色笑話是蠻有衝突感，也不會覺得低級，但我就是認真覺得：我第一次跟你見面，你就跟我開黃腔，有事嗎？

主廚老公說 ··

洗衣店在開店的第一個月開始約 KOL 來試吃，但是大概兩個禮拜就都客滿了，所以那之後才回覆的人我們就不再回應，佩瑤說可以來的時候，已經是開店一個多月後，我們其實已經不再接待 KOL 了，我的合夥人還轉她訊息來說：「你看，看到我們紅了想來吃了吼！」我一看是她，非常激動，馬上叫合夥人趕快約過來！

我負責的是廚房，原本我是沒有在接待客人的，她來的那天正好店長不在，又接近打烊時間，我就出去稍微聊個天。有些女生你看她照片再看本人真的……呃，認不出是同一個人，但她完全不會，她本人甚至比照片漂亮。之前我就有看她的 IG，覺得她寫的東西都很好笑，聊天後確定她是我喜歡的女生，講話很直接也很真。

有些女生很喜歡做自己，但代表本質很重要，如果沒氣質、沒禮貌，然後講什麼話、做什麼事都宣稱是在做自己，根本就是災難！不過佩瑤沒這問題，她就是氣質很好的女生，做起自己很有吸引

力，所以知道她目前是單身的那一天起，我就決定要追到她！

主廚的求愛花招

接下來就開始上演——主廚一直把一直約，我一直推一直不要的過程！

主廚先是猛傳簡訊，每天傳，然後一直說要載我上下班，帶我去吃飯，我死不肯耶，畢竟那時才剛和前任分手，根本不想馬上又掉進去，但主廚超級積極，積極到一個瘋狂亂盧的程度。

去洗衣店那天，後來我把圍巾忘在店裡，主廚說要拿來給我，但我覺得有空再去店裡拿就好了，不想太麻煩他，一再來回最後終於約成飯局，已經是認識他一個禮拜後了。

那天我們去吃燒肉，吃完飯他送我回家，順便把我的圍巾還給我，結果說完再見，我還在上樓的電梯裡，就收到他的簡訊，說

裝圍巾的袋子裡有他送我的小禮物。

我一打開，什麼小禮物？是一枚戒指耶！而且還是 Cartier 三環戒，我忍不住嗆他：「你有毛病啊！」哪有人第一次吃飯就送戒指的！這是要我戴哪一指啊？所以至今那枚戒指我都沒戴過（瞪）。

再來就是第二次吃飯，那是聖誕節過後，快跨年的時候。主廚說要補過聖誕節──本來他想約聖誕節，但我覺得又不是男女朋友，幹嘛一起過聖誕節，所以名義才變成補過──還說要做菜給我吃，我只覺得：吼～是不是心懷不軌，想帶我去他家？

結果，他出其不意地約在一個烘焙教室，全場包下來，做菜給我一個人吃，還帶了一瓶很高級的紅酒，送我一束很漂亮的永生花。

第二次單純他做菜，我吃飯，後來他每天就是簡訊簡訊簡訊、接送接送接送，只要我說不想跟別的男生出去，更不想約會，他就會用一些我覺得很鬧的說詞，比如「我們不是約會，我們是朋友」，反正為了約我出去，他什麼話都講得出來。

因為我跟他說過，跟前男友分分合合，有時分一分，當我開始跟別的男生約會，他就會回來找我，於是這也成為主廚的最佳「障眼法」，只要我想拒絕，他就會說：「趕快啊，趕快跟我約會，你們馬上就和好了！」

這到底什麼怪招啊？！就這樣，主廚開始侵入我的生活，趕也趕不走，讓我覺得壓力很大，大概被接送兩三次後，我就傳訊息給他：「你每天這樣接送我，其實我壓力很大，我希望你不要這樣，你這樣我、很、不、開、心！」

通常這樣說完，一般男人不都會退縮嗎？
但主廚顯然不是一般男人，他還是繼續接送，繼續約我。不久後我又傳了一次差不多的內容，居然還是沒有擊退他！這人是怎樣？不但越挫越勇、還再接再厲耶！

主廚老公說 --

第一次收到這樣的簡訊，說真的我有點氣餒……氣了 6 小時 XD

其實也覺得應該是追不到了，但反正沒損失，我就追嘛！

後來又來第二次簡訊，正常人看到那內容，我覺得一定會打退堂鼓，連我都想叫自己放棄了，畢竟我都這麼努力了，她卻一點開心都沒有！一般人可能在這一關就結束，但我氣了 12 個小時（比上次多一倍時間），還是決定再接再厲。

說真的我很少追女生，就是因為我很喜歡她，一定要在一起，所以才一追再追。

但是你的鳥窩頭我不行耶

主廚完全不是我會喜歡的男生類型，我不喜歡奇裝異服的男生，那他有多奇特呢？他以前頭髮是兩邊都剃光，然後中間留很長，應該有 30 公分吧，弄成一坨像鳥窩的髮型，我每次跟他出去都覺得很不好意思，因為大家都在看他的頭髮！他追我兩個月後，跟我說：「欸！追兩個多月了，可以在一起了吧？」

我說：「你先去把頭髮剪了吧！」那個髮型真的令我很害羞！

他一開始還捨不得剪，聲稱已經剪了一半，但我看來就只剪一點點啊，抓起來還不是跟以前一樣，只是沒那麼高，還是很長啊！這我還是沒辦法！

他前前後後剪了三次，才比較像個正常人，但是就呆呆的，我都笑他是古早時代那種要去相親的男生！

我一向喜歡乾乾淨淨、簡簡單單的男生，一開始他真的不是，還敢說以前很多女生喜歡他，哼，那鳥窩頭怎麼可能！我之所以願意跟他出去，是因為他很聰明，口才很好，不像有些男生講話的時候會把話含在嘴裡，咬字不清楚，又講不出個道理，主廚勝就勝在說話有條有理，而且有內容有想法。

不過，即使這樣，他也把頭髮剪了，我們仍然還沒在一起。

一盧再盧也能盧到真愛

不要以為主廚每天一直傳訊息，還一直約吃飯，好像死守著我，其實不是噢，他不安分的，還被我抓到過！

事情是這樣子的，第一次約會之後，有一整個禮拜我一直拒絕見面，不給約，結果那個星期他竟然跑去跟別人約會！

有個人每天傳訊息給妳，突然某個晚上很安靜，沒聲沒響，感覺好怪。我那天剛好有點微醺，又還在剛分手的壞心情裡，想說打電話給他聊個天好了，結果他沒接。哼，事情不單純噢！

後來我們在一起之後，他才坦白從寬地說，其實那天他有看到我的來電顯示，但他超緊張的，因為那時他身邊還有個女生！

主廚老公說 ···

那時大概半夜一點，我正在看電影，佩瑤打電話來，我想說完了……因為旁邊還有另一個人！

怎麼辦怎麼辦？我內心煎熬卻又強裝鎮定，好不容易把旁邊的女

生送回家，到家已經半夜三點了，這時間才回電太可疑了！

我想前想後決定不回電了，撐到早上六點才傳訊息說「我昨天睡著了」，塑造成前一天九點就睡著了的錯覺，算算時間，好像蠻合理的⋯⋯

- -

我發覺這招很有用，就是你每天都出現在這個人面前，但有天突然不見了，對方就會覺得「為什麼」，然後無法忽視你，我就是中這招。

最好笑的是，他第二次收到我的狠話簡訊時，他真的氣到了，故意 12 小時不傳簡訊也不打電話給我。平常傳得非常勤，長達 12 小時一個訊息也沒有，是故意的吧？我覺得很「北送」，不要跟我玩遊戲好嗎！

我直接就打電話去嗆他：「怎樣！你玩招！玩心機噢？」以為我第一天出來混嗎？這手法真的很讓人惱怒耶！

以為我這樣中招就會投降答應交往嗎？我不會，我只是不喜歡被玩招，所以要教訓他一下，教訓完了一碼歸一碼，我覺得很煩的還是繼續覺得煩（怒）！

半夜三點起來做的飛機便當

除了傳訊息、接送，有件事是主廚一直都不間斷的──大部分的人聽了都會覺得這舉動很窩心，但我當時並沒有多 sweet 的感覺（現在回想我也太鐵石心腸了）──就是做便當，讓我有班時帶上飛機吃。

在主廚開始接送我上下班之後，他就說要幫我做便當，我本來是推辭的，想說這壓力也太大了，又不是男女朋友，做什麼便當！但主廚的強項就是可以一直盧，盧到我交出便當盒為止。

據他所說，送我上班前，他會提早兩個小時去他店裡或在家準備便當，也就是說，如果我早上五點要報到，他半夜三點就要起來做便當！

上了飛機，打開便當，同事們簡直比開箱還興奮，因為我的便當裡都是海膽、牛排、烏魚子……等等我喜歡的食材，畢竟是主廚，也不是隨便煎一煎就出餐的，說真的，超級好吃耶！同事們瘋狂追問愛心便當是誰做的，我只能尷尬的說：「就……一個在追我的男生啦！」

放心享受在愛裡面的輕鬆自在

這段溫馨接送情不但附贈便當，連便當盒都是他接我下班時收回去洗，說真的，這種被照顧的感覺，是我在感情裡沒有過的經驗。回想我的上一段，別說被照顧，能順利找到人我就萬幸了！有一次前男友去國外出差，順便玩了兩個禮拜，那兩個禮拜我每天都找不到他，好不容易終於找到人，他竟然大發火，還說要分手，怪我打擾他了，說他出去玩就是要享受一個人自由自在的感覺。超級離譜！我不是女朋友嗎？為什麼不能找他？但我那時愛到卡慘死，還分分合合又拖拖拉拉。

認識主廚之後，一開始，遇到這麼積極的人，我其實有點害怕，有些男生一開始還沒很了解妳，就想先跟妳在一起再說，等到在

一起之後，可能又覺得妳不是他想像中的樣子，然後結局就像大家想的那樣。

主廚的積極雖然造成我的壓力，煩是有點煩，但又好像是可以接受的煩度，加上他又很懂得欣賞我，老是說我人很真實，文章也很真實，是他喜歡的那種「沒有包裝的人」──吼！供啥咪蕭偽，我明明有包裝好嗎！難道我那些妝都白化的嗎！（瞪）

而且上一段感情我真的是太累了，對比之下，跟主廚相處，我是比較被照顧的那一方，發現到原來被照顧也不錯，這是我從來沒有享受過的感覺，原來被愛是那麼自由、那麼輕鬆。

認識三個月後，主廚終於成功邀我到他家吃飯，這次我沒有再酸他意圖不軌，因為，我決定要在一起了！

莫名其妙我就閃婚了

不知道突然搭上什麼神祕的人生列車，開得也太快了，瞬間我就決定要嫁人了！

我們 2019 年 2 月在一起，5 月 9 日就登記結婚，超級趕進度！登記之前我超緊張的，一直打電話給我女生朋友們，結婚的和沒結婚的統統都打，一直不斷的問：「欸！怎麼辦！怎麼辦！我真的要去登記嗎？我不確定啊啊啊啊！」

就覺得我才剛認識這個人，而且之前每段感情也沒有覺得一定要結婚，再說，我也三十六、七歲了，早就過了適婚階段，來到一個反正也不用急著一定要結婚的年紀，根本沒有結婚的必要（對，我真的沒有懷孕）；但冷靜想想，這個人完全把我當成比他自己還重要的人在照顧，好像……現在去結婚也可以吧？

促成這件事的，其實是我高齡一百多歲的阿嬤。我們剛在一起沒多久，阿嬤過世了，依照台灣的民間習俗，如果不在百日內結婚，就要等三年後，我爸媽都是很傳統的人，一定照這路線走，於是我一直被逼問有要結婚嗎？逼迫我不成，我媽索性直接問另一名當事人：「你們有要結婚嗎？」

才剛在一起，女方家人就用這理由來說要結婚，有的男生可能會嚇死，但主廚卻馬上說：「可以啊，我可以現在就娶佩瑤。」好像他早就準備好了，還說立刻去登記他也可以，真的蠻有種的！所以，我們真的就去登記了。

我阿嬤是百歲高齡在睡夢中走的，算是喜喪，所以我爸媽說話也很沒遮攔，直接跟主廚說：「你看，連阿嬤都在幫你！」

這樣想來，主廚只有追我初始吃了一點點苦頭，後來根本有如神助！我朋友們說他根本強運王，除了我阿嬤助攻，還有一些莫名其妙的機緣巧合，把我的人生推向他！

我們在一起之後，主廚開始不斷遊說我，要我搬去他家。但我幹嘛要搬去他家住啊？我一個人住舒舒服服的耶！結果，某一天房東突然傳訊給我，說他要把房子賣掉，想問我可以提早搬走嗎……

於是，很快就如主廚所願，我倉卒搬離原本的租屋處，就這樣搬

進他家。這不是有如神助，什麼才是！

我很樂意當你的動力

阿嬤過世後，差不多決定登記結婚那段時間，我向華航提出離職申請。我原本就有離職的念頭，在公司的管控下，我的 FB 和 IG 發文都非常受限，一不小心就會被關切。真正讓我下定決心的是，因阿嬤過世請喪假的期間，公司一直催我繳交死亡證明，但辦理文件需要時間，我真的無法馬上提給公司，當時又遇上年度復訓，公司警告我沒完成復訓就無法飛，並且又提出要我關了 FB 和 IG，認為我太高調，種種的限制讓我覺得無法認同公司的理念。

主廚的反應比我更激烈，他覺得明明就是家裡有喪事，為什麼公司的做法好像我在騙人？！於是他叫我別飛了，還問我薪水多少，他每個月直接付我薪水。

講起來這雖然很物質，但也很實際。老實說我不需要另一半對我負起全責，但是主廚就是這樣對我，願意把我看得比他自己還重

要，一肩替我扛起，照顧我的一切。

說不感動，那一定是騙人的！我和前男友在一起的時候，他是一個拉麵店學徒，他一直跟我說，因為他要努力走在那條路上，所以沒辦法帶著我，認為跟我在一起是他的負擔；反觀我的主廚老公，他當時主理了六家店，另外還有其他餐廳正在規劃中，他明明就忙於事業，每天都很忙，卻有心也願意照顧我。

一個真正愛妳的男人，在闖事業的時候，他會說：「是妳給我動力！」他會更努力去衝刺；但是好像沒那麼愛妳或以自我為中心的人，就會說：「妳是我的負擔。」

我想，我老公讓我終於了解這兩者的差別。

原來，在愛裡可以這麼輕鬆，這麼幸福。

我很廢，
但我也很認真經營喜歡的事

結婚登記前我超緊張的，結果登記完，呃，好像跟以前也沒什麼差別，自己當初到底是在緊張什麼啦！我每天還是吃吃喝喝，過很一般般的生活，主廚還是把我照顧得很好，工作完馬上回家陪我；家裡紅酒沒了，立刻補一箱回來……（咦）

我自己覺得婚前婚後沒什麼改變，但我朋友都說我變很多，仔細想想，對啊，我變很懶，不喜歡出門，喜歡待在家。以前都會覺得出去跟朋友唱歌、喝酒、玩樂才會開心，只要朋友約，我就出去，每天好多局；現在會考慮半天，優先選擇在家耍廢，兩個人在家弄點食物，喝點小酒，就覺得心滿意足。

以前的男友都覺得女生就是要有工作，不能閒閒坐在家裡。我並沒有不想工作，事實上我也一直都在工作，但是他們如果看到我過得輕鬆一點，或看我沒事做，就會酸言酸語地說我是不是過太爽了！但主廚完全不是那種男生，我有一天問他：「你會不會覺得我每天都躺在家裡很廢啊？」

他說：「不會啊！我覺得妳這樣好可愛，我喜歡每天回家都看到妳在家。」

這人對「可愛」的定義未免太不同凡響，卻讓我放心繼續做自己。有時他出門工作時，我躺在床上滑手機，他工作完回來，我還是躺著繼續滑或看電視，他也不會覺得怎麼樣，還說：「老婆妳好可愛，妳從我早上出門到我回來，都維持同一個姿勢耶！」這……我到底要假裝不好意思，還是坦然接受寵妻魔人的真心讚揚呢？

完了，我逃不出主廚的手掌心

主廚那句「我喜歡每天回家都看到妳在家」，其實好可疑。我喜歡吃肉，他就開燒肉店；我喜歡喝酒，他就開酒吧（重點他自己滴酒不沾）；我喜歡吃牛排，牛排館也迅速開張。每家餐廳都把我喜歡吃的東西放進菜單，這樣我跟朋友吃飯喝酒完全沒藉口去其他餐廳，我覺得他根本就是為了把我關在他身邊！

有好幾次，我跟朋友去主廚的燒肉店吃飯，吃完走路到主廚開的酒吧，喝完又走路回家，因為離家很近，走來走去，都在主廚的掌握之中，感覺就是被設計了啊！

不過，坦白說，我喜歡的料理，主廚要做，就會做得比我在市面上吃過的所有同款料理都還好吃，所以，能夠吃到主廚料理的客人，真的是託我的福！

主廚老公說 --

我曾經開過幾家不同主題的餐廳，一陣子後我就知道，我不想再開任何我自己不喜歡的店！正缺題材的時候，剛好跟佩瑤在一起並且結婚，她常激發我的靈感，那我就來開她喜歡的餐廳吧！

自己喜歡的事物或是你愛的人喜歡的事物，都會讓你帶著超級強大的熱情去投入。而且她喜歡，她就會待在那裡，老婆常常開心地在自家店裡，這樣的工作不只我，應該是很多男人都夢寐以求的。

有朋友曾經跟我聊到說，想像我嫁人以後的樣子，就是一個熱情的老闆娘，到處招呼著大家；現在我真的就是在店裡大聲吆喝，

享受那種熱絡的感覺,看到大家吃得開心,我也覺得很滿足。

朋友們本來覺得我是個比較愛自己的人,應該不會為另外一半做這麼多事,宣傳他的餐廳,幫助主廚的事業。但說實話,我只是在做自己喜歡的事,主廚投我所好,剛好我就是愛吃、愛玩、愛喝、愛熱鬧,可以把自己愛吃的料理介紹給大家(然後大家一起爽呼呼變胖),我超級樂在其中。

之前有朋友要去主廚的店,我當天不在店裡,無緣見面,就用訊息傳菜單給他,然後把我自己比較喜歡的菜和人氣很高的品項介紹給他,還交代他如果喜歡的話別忘了打卡,幫我們宣傳一下。要是以前的我根本不會這樣,朋友都說我真的很幫老公耶!

但我覺得這不只是在幫他,而是把他當成我自己,畢竟他是這樣無私的對我,我也是這樣對他,這就是我愛他的方式。

我們是同一國的

常聽到我的女生朋友跟男友／老公為了誰沒洗衣服、誰牙膏亂擠、誰拿完醬油沒有放回去原位……這種生活瑣事吵架，我跟主廚雖然是閃婚，在很快的時間內就一起生活，倒不會在這方面不爽對方，一方面我不是個很執著的人，你東西愛怎麼擺，隨便啦！另一方面，主廚也夠尊重我，彼此彼此啦！

就像他一直說他想養狗、想養貓，每天在我耳邊一直唸一直唸，我都說「不行！」，我們家只有一房一廳，中間沒有隔間，沒辦法養行動力很強又會製造聲音的動物，我又是很淺眠的人，只要有一點聲音我就會醒來，很難再睡著。我也喜歡狗和貓，但如果真的養，我一定會被貓狗吵到沒辦法好好睡覺。不過，安靜一點的、小一點的動物我可以，於是結婚登記那天就去買了一隻……老鼠。

老鼠很安靜，都不會吵，而且我們家老鼠跟我一樣，很懶，你看過不愛跑滾輪的老鼠嗎？我家那隻就是，頂多在上面晃一下，就下來了，真的是什麼人養什麼鼠！

養了老鼠以後的某天，主廚又說好想養兔子。欸！現在是不能養

貓狗就退而求其次，要在家裡進行安靜動物大會串嗎？而且他還每天給我洗腦：兔子很安靜，兔子不會發出聲音……然後給我看一堆兔子的可愛影片。兔子可愛歸可愛，但不會跟人互動，很難跟人類交流啊！

但主廚真的太想養兔子，就像盧我交往一樣，盧到我答應養兔子。自從「奇奇」來我家之後，我才發現其實兔子跟人可以很有互動耶！只要妳叫他的名字「奇奇」，牠真的會咚咚咚跳過來，好可愛噢！主廚出門時我喜歡把牠放出籠子，讓牠在沙發上跑來跑去，陪我耍廢。牠也很懶，會整個大字形癱在沙發上，果然是什麼人養什麼兔！

吵架吵不贏？那又怎樣？

我和主廚的三觀沒什麼衝突，也不會像別人一樣抓住對方的生活習慣猛攻擊，大部分的時候也都蠻尊重彼此的，但不代表我們不會吵架！

主廚以前很誇張，他罵人都很恐怖，恐怖到我聽到會怕耶！有次

甚至還聽到他認真叫人去死，要人家馬上從樓上跳下去⋯⋯要是對方真的去死，那怎麼辦啊！

他也很愛罵員工髒話（在這裡完全破壞主廚形象，不過那是以前啦，主廚現在有被我的愛感化），有一次，員工又把事情搞砸，惹到他，我酸他說：「欸～該不會你等下又要罵髒話了吧！」他竟然一秒爆炸，怪我都沒有站在他那邊！還一直嗆我，說只要我發生什麼事，他都無條件站在我這邊，但是反過來，當他有事的時候，我卻老是替別人講話！

我覺得他很無聊，明明是小事，幹嘛突然發火？但我也因此明白了一件事：雖然我其實是為他好，希望他冷靜處理事情，不要老是把場面搞僵，傷了別人的心，但是，**其實他並不需要我的客觀，他只是要我站在他那邊。**

我學會了，既然我們是夫妻，我們就是一國的！站在他那一邊同理他，再溫柔、可愛、撒嬌地請他下次別再這樣罵人，他通常就聽得進去了。

如果真的吵起來怎麼辦呢？我是那種懶到連吵架都懶的人，如果道歉可以解決，我會選擇先說對不起，反正道個歉又不會死；要我大聲吵架也是可以，但我會不斷地想「吼～到底還要吵多久？」、「到底有什麼好吵的？」……想到這些我都累了，之前還有吵過隔夜的，睡一覺起來，隔天繼續吵，無不無聊啊？累死人了！

所以我終止吵架的方法很簡單，不管為了什麼事不愉快，裝可愛，說聲對不起，主廚瞬間就會原諒我，還會反過來跟我道歉，說他自己也有哪裡不好 blah blah……合好，收工！

畢竟要是吵架，我都很吃虧，因為我記性太差了，吵一吵對方就會說：「妳之前明明講過……（可以填進一百件事），都妳！」

有嗎？我講過嗎？什麼時候？

這樣很過分耶，就因為我記性差，什麼帳都能算到我頭上，說不定我根本就沒說過！

總之，我吵架沒有贏過，但那又怎樣？我不在乎輸贏，吵輸了我還是覺得自己很幸福！

我的婆媳之道，就是傻白甜

還在當空服員的時候，我們裡面好多結了婚的同事會在過年的時候選一個長班飛出去，省掉過年做家事和服侍公婆的壓力（我會不會透露太多已婚婦女的祕辛？當然也有很多盡責的空服員，他們過年期間上班真的是逼不得己、換不了班啦！）；看多了，我就知道媳婦比空服員還難當，不知道以我白目的個性和大剌剌的行事作風，婚後幾時會得罪婆婆？

殊不知，我都還沒辦婚宴，就惹到婆婆了啦！

2019 年初的時候，我就跟好朋友約好年底去露營，營地也先訂好了，那時我都還沒跟主廚在一起。後來，劇情快速展開，誰知道我會閃婚，而且婚期偏偏就選在露營後那一週！

其實要取消露營也是小事，但那時候所有婚禮大小事都由婆婆主導和決定，婆婆也跟主廚表達過，她希望能聯絡所有細節。我覺得這樣很好啊，我不是浪漫的小女孩兒，我也沒有一定要我的婚禮是什麼樣子，正好婆婆是個出得廳堂、美感好、能力又強的人，一定會把婚禮辦得很好。我整個大放心，連主廚都跟我說可以不用去跟婚顧開會，所以我更覺得應該沒有我的事。

現在回想，我當時怎麼會有那種念頭？那是我的婚禮，怎麼可能沒我的事！

於是我婆婆就在婚禮前一天大爆炸了！她覺得不可思議，居然會有新人在結婚前一個禮拜還跑去露營，明明婚禮到了，什麼事都不決定，搞得婚禮都是她在弄，好像是她要結婚一樣！結果她很不開心，也跟我媽抱怨我不懂事。

我整個被震撼教育，一直到結完婚，有陣子都還是不知道怎麼辦才好。幸好我當過空服員，遇到事情的時候態度放軟，誠懇道歉就對了！那時候我們還跟公婆住在一起，同棟不同樓，我們就找了一個好時機，去跟公婆聊天，坦白跟婆婆說，其實婆婆去跟婚顧討論婚禮細節時，我天真地以為不用我去；露營的事，我也以為公婆不會太在意，後來才知道原來是不行的。我很誠懇地道歉：「媽媽，對不起啦，我們中間有點誤會，讓妳覺得不舒服，我很抱歉！」

道歉這招真的很有用，本來婆婆臉還臭臭的，我又抱抱又道歉又撒嬌，她也只能說：「好啦好啦！」然後破冰，微笑，原諒我了。

後來我們搬出來自己住，維持了美好的距離之後，每個月都會見面吃飯兩三次，一直到現在都算相安無事，和樂融融。

有的粉絲會私訊問我怎麼面對婆媳問題，我真的不知道這題怎麼回耶！我自己是依然做自己，但也沒忘記端出我個性裡溫柔、甜美那一面，這樣可以平息很多不必要的戰爭～ Peace ！

不過，對於跟公婆相處，我還有一招放大絕！由於公婆都有在經營社群媒體，於是我把公婆的 FB 都設定為「搶先看」，他們只要一發文，系統就會自動跳出通知，而好媳婦就是要在公婆發文的第一秒就按讚＋留言呀！讓公婆知道說雖然現在沒有住在一起，但我還是很關心他們的！

最重要的是，還要在自己的社群媒體用力的稱讚公婆，例如過年時婆婆燒了一桌好菜，當然是要馬上拍照發到即時動態說：「婆婆燒的菜真是人間美味～」；或是婆婆找了一家好吃的餐廳帶全家去吃飯，也是要立馬拍照打卡說：「謝謝婆婆帶我們來這麼厲害的餐廳吃飯，聽說超級難訂！」還有公公生日時，也要幫公公拍吹蠟燭照：「看看我公公～如此高大挺拔、風度翩翩，根本看

不出來已經 70 歲！」

反正就是嘴巴能多甜就多甜！姐妹們，共勉之！

嫁給主廚，夢幻的部分在於……

我曾經看過一個「上班族最想交往的夢幻職業」調查，廚師赫然榜上有名，才知道原來廚師男友這麼熱門？！我倒是從沒想過會跟主廚交往，甚至結婚，不過嫁給主廚優點確實蠻多的，例如，想吃什麼都可以吃到！

家裡的廚房風景變得很不一樣，如果我想吃龍蝦義大利麵，主廚直接就去跟廠商叫一隻活龍蝦，然後在家裡做出一道龍蝦麵；如果想吃壽喜燒，主廚就在家自己做醬汁，然後我們就真的一起在家吃壽喜燒；如果想吃燒肉，主廚立刻拿出鐵板煎肉片；總之主廚萬能，什麼都做得出來，這大概就是跟廚師交往的夢幻之處。

在台北吃到洛杉磯的龍蝦麵

有時候好想念國外一些食物，尤其新冠肺炎期間，不能出國，想到我之前飛的時候吃過的美食，都要流口水了，好想吃啊（吶喊）！！！

記得有次飛洛杉磯，和同事去了比佛利山莊附近一家很有名的餐廳，吃過一道龍蝦義大利麵，然後驚為天人，覺得世界上其他的

龍蝦義大利麵根本不配稱這個名，真正的龍蝦義大利麵連醬汁都是濃濃的蝦味，入味極了！

不過，那天我和同事只點了一道龍蝦麵和牛排，龍蝦的價格寫明是時價，我想說一隻龍蝦能有多貴，沒想到結帳的時候，光龍蝦麵就要價 200 多美金！兩人吃了快 400 塊美金，等於一萬多台幣！

然而它的價格貴是有道理的，很多龍蝦義大利麵，麵體跟蝦味是完全分開的，完全無法交融，更不要說想在台灣的餐廳吃到洛杉磯那一味，根本不可能！看著之前去比佛利的照片，我就逼主廚做給我吃，他真的用了很多蝦頭、熬了好幾個小時，終於成就鮮甜無比的蝦高湯，重現那道龍蝦麵的風味，嚐了一口，超級美味，瞬間找回那一晚的驚豔！

主廚老公說

龍蝦義大利麵有兩種，一種是把龍蝦放在義大利麵裡，另一種就是佩瑤說的這種。大家不知道，其實龍蝦義大利麵大部分的濃郁

味道不是來自於龍蝦，而是來自以白蝦的頭跟殼煮出的蝦高湯，那時候一份麵我用了兩公斤的蝦頭跟蝦殼去熬，再打成汁，經過撈渣過篩，最後再加入龍蝦頭和龍蝦殼一起熬，所以會有非常濃郁的蝦味。

主廚不只做給我吃，有次回台中，他做菜給全家人吃，其中也有這道龍蝦麵，我爸媽、姑姑、阿姨、嬸嬸……一堆親戚都稱讚好吃。後來去高雄我媽娘家，我媽還特別找他去大展廚藝，彷彿行動主廚全省走透透巡迴表演！

吃得大滿意，我媽後來還食髓知味，動不動就問主廚要不要出場！我覺得主廚這樣太累了，沒有助手，要做十幾廿個人的菜，煮一道上一道，我們大吃的時候，他人卻在廚房繼續煮下一道，只為了讓大家都能吃到熱騰騰的料理。最後，他忙和了大半天，只能吃冷冷的菜尾，吃完繼續在廚房善後，實在太辛苦了！

沒關係，超完美嬌妻來護駕，以後只要有這種局，我一律先擋，

雖然主廚煮的龍蝦義大利麵無敵美味,但為了自己的私慾,煮的時候大費周章,煮好還要洗碗、洗鍋子、洗廚房,主廚嘴裡說不累,我看得都累了!

我想,主廚的店裡應該很快就會開始賣龍蝦麵了,家人想吃的時候就一起去店裡解饞,這樣我就不用常常心疼老公了!

結婚就像拿到巧克力出奇蛋
愛情、友情、親情一次擁有

有時候躺在沙發放空時，想想都覺得人生真的太變幻莫測。

回想不久以前，我還在為上一段見鬼的感情哭哭啼啼，每天傷心難過，結果不久後我居然就這樣閃電嫁給另一個人，你永遠不知道人生下一秒會出現什麼樣的人，發生什麼樣的事，唯一能做的就是好好愛自己，好好工作，好好玩樂，好好珍惜身邊的每一個人，好好把握跑到你身邊的每個機會，最重要的──每天要讓自己快樂、漂亮。

以前大家總愛問我會想結婚嗎？我都說：有婚姻很好，沒有也沒關係，就算結了婚之後的哪天，因為無法解決的問題而分開，也不是天崩地裂的事；現在再問我同一個問題，我的回答還是一樣──人生這麼短，活在當下，開心自在最棒。

現在、此刻、當下的我就是過得很開心，以前我覺得沒有一定要結婚，如果要結，就是一定要過得比沒結婚還好（不然是幹嘛呢？），結了婚，很像拿到以前小時候流行一段時間那個巧克力出奇蛋，「三個願望一次滿足」有沒有？！我覺得自己真的同時得到了愛情、友情和親情。

有人說婚姻是愛情的墳墓，我目前為止是還沒有這種感覺啦，我和主廚都不嫌肉麻，把愛來愛去掛在嘴邊，尤其是他，很常表達（這裡請戴上墨鏡），每天睡前都一定要說：「老婆，妳知道我全世界最愛的人就是妳嗎？」一直講一直講，講到有時候我都膩了，「知道了！知道了！」

陪伴 就是愛情最好的樣子

比較難得可貴的是，他除了是情人、老公之外，真的很像我一個很好的朋友。有時你想要看一部電影，還要想說要找哪一個朋友陪你去，現在我就是隨時有一個人選，我要幹嘛，他就會陪我去，反過來，他也會找我去幹嘛幹嘛的，彼此是揪團的固定咖。他的工作正好很自由，就算我想去幾天小旅行，他也可以調配好工作，空出時間陪我去，這樣超棒的。

仔細想想，其實這跟我從小看我爸媽的相處模式一樣的，我爸媽就是做什麼都會一起的一對夫妻，要跟朋友出去或聚會什麼的，我爸都會帶著我媽；我媽打牌，我爸也會跟去，累了還可以換手。我和主廚現在也是這種同進同出路線。我會覺得夫妻兩人有各自

的生活當然彎好的，如果兩個人興趣差不多，頻率差不多，那兩個人都在一起更好。

但我不是在一起的第一天就這樣覺得噢！我以前一個人住，跟主廚在一起之後才同居，之前沒有跟男友這麼緊密的生活，一開始彎不習慣的，我不需要一直一直一直有人陪，但主廚又是一個很讓我意外的水瓶男，他超黏，黏到我那時候常常跟朋友抱怨：「吼～好黏噢～好煩噢～」後來我整個就習慣了，我發現我也沒有不喜歡黏在一起，就……我其實很可以接受黏耶！

我們每天相處超～級～長，每天都在一起，能在家做的工作，他就盡量不出門，要開會的行程，他會特意集中在同一天，開完會馬上就回家。去外地出差時一定要帶著我，有時我有自己的工作不能去，他就直接當天來回，但是展店的事情也不是出差一兩次就可以搞定，常要花幾個月的時間，長期當天來回實在太累了，我還是會努力陪他去。

我不知道我腦波到底是什麼時候被主廚控制了，有時候那天他早上就出門工作，一直到晚上才回家，我那天就會覺得「咦～好像

有點久沒看到他」，心情怪寂寞的。更嚴重的是，要是我跟姐妹相約吃飯卻沒帶他一起時，我竟然覺得自己好像背叛了他，本來每天都一起吃飯的，現在卻自己跑去跟姐妹吃，心裡有點愧疚XD

明明我們在一起也沒做什麼了不起的事，但我現在就是很熱愛兩個人的黏度，在家沒事就一起選影集或電影一起看，他陪我看韓劇和陸劇，我陪他看美國影集。**當我們各坐在沙發的一邊，奇奇在我們中間跑來跑去，就是我目前最喜歡、最美的時光。**

很快地，我就這樣成為有一年多資歷的人妻，這一年多我過得充實而快樂。**原本對婚姻不期不待的我，遇見了把我愛護得無微不至的主廚，才知道原來婚姻可以是一條更好的路。**

以前的我，一個人很好；現在的我，兩個人更好，謝謝主廚愛我疼我懂我保護我。
未來的日子我們一起加油（愛心）

玩藝 0102

我不是最美空姐，我是最快樂空姐

星光二班林佩瑤的不糾結視角，
活出簡單的快樂，做我喜歡的自己

作　　者—林佩瑤
藝人經紀—吉帝斯整合行銷工作室／任月琴
文字整理—陳憶菁
攝　　影— Brian Wang
化　　妝—陳琬屏
髮　　型— Una Yen
封面設計—鄭婷之
內頁設計—楊雅屏
責任編輯—施穎芳
責任企劃—周湘琦

總 編 輯—周湘琦
董 事 長—趙政岷
出 版 者—時報文化出版企業股份有限公司
　　　　　108019 台北市和平西路三段二四〇號二樓
　　　　　發行專線　（02）2306-6842
　　　　　讀者服務專線　0800-231-705、（02）2304-7103
　　　　　讀者服務傳真　（02）2304-6858
　　　　　郵撥 1934-4724 時報文化出版公司
　　　　　信箱 10899 臺北華江橋郵局第 99 信箱
時報悅讀網— http://www.readingtimes.com.tw
電子郵件信箱— books@readingtimes.com.tw
時報出版風格線臉書— https://www.facebook.com/bookstyle2014
法律顧問—理律法律事務所　陳長文律師、李念祖律師
印　　刷—和楹印刷股份有限公司
初版一刷— 2021 年 3 月 5 日
定　　價—新台幣 399 元

我不是最美空姐，我是最快樂空姐：星光二班
林佩瑤的不糾結視角，活出簡單的快樂，做我
喜歡的自己 / 林佩瑤著 . -- 初版 . -- 臺北市：時報
文化出版企業股份有限公司 , 2021.03
　　面；　公分 . -- (玩藝；102)
ISBN 978-957-13-8601-0(平裝)

1. 林佩瑤　2. 自傳　3. 臺灣

783.3886　　　　　　　　　　　110000807

活出開朗的人設，活成漂亮的自己

你是否很羨慕佩瑤，每天總是開開心心、可可愛愛？
希望透過佩瑤書中的分享，幫助你找到更好的自己和幸福；
也歡迎你，一起來體驗佩瑤最喜歡的 KOZY SALON！

佩瑤粉絲專屬
KOZY SALON 優惠獨享
《每張面額200元，共3張》

「現金抵用卷使用規則」

消費滿 1000 折 200　　　♥台北、台中、高雄各分館均適用　　♥購買保養品、儲值課程、體驗課程均可抵用
優惠不得合併　　　　　　♥不得搭配 KOZY SALON 扣點使用　　♥使用期限至 2021/12/31
KOZY SALON 擁有活動最終解釋權（各分館地址請上官網查詢）

| 200元 | 200元 | 200元 |